Monika Becker-Fischer, Gottfried Fischer
Sexueller Mißbrauch in der Psychotherapie –
was tun?

Monika Becker-Fischer
Gottfried Fischer

Sexueller Mißbrauch in der Psychotherapie – was tun?

Orientierungshilfen für Therapeuten und interessierte Patienten

Roland Asanger Verlag Heidelberg

Die Autoren:
Monika Becker-Fischer, Jahrgang 1948, Dr. phil., Dipl.-Psych., Psychoanalyti-
kerin (DPV/IPA); Arbeit in freier Praxis und Leiterin des Instituts für
Psychotraumatologie, Freiburg/Köln.
Gottfried Fischer, Jahrgang 1944, Prof. Dr., Dipl.-Psych., Psychoanalytiker
(DPV/IPA); Direktor der Abteilung Klinische Psychologie und Psychotherapie
der Universität Köln; wissenschaftlicher Berater des Instituts für Psychotrauma-
tologie, Freiburg/Köln; Forschungssupervisor am Behandlungszentrum für
Folteropfer Berlin.

Die Deutsche Bibliothek – CIP-Einheitsaufnahme

Becker-Fischer, Monika:
Sexueller Mißbrauch in der Psychotherapie – was tun? :
Orientierungshilfen für Therapeuten und interessierte Patienten
/ Monika Becker-Fischer ; Gottfried Fischer. – Heidelberg :
Asanger, 1996
(Thema)
ISBN 3-89334-258-3
NE: Fischer, Gottfried:

© 1996 Roland Asanger Verlag Heidelberg

Umschlaggestaltung: Doris Bambach
Umschlagabbildung: Doris Bambach
Printed in Germany
ISBN 3-89334-258-3

Den Opfern gebrochener Versprechen

Vorwort

Dieses Buch entstand im Zusammenhang mit dem Forschungsprojekt „Sexuelle Übergriffe in Psychotherapie und Psychiatrie", das das Freiburger Institut für Psychotraumatologie unter unserer Leitung zeitweise mit Unterstützung des Bundesministeriums für Senioren, Familie, Frauen und Jugend durchführte. Für diese Unterstützung möchten wir dem Ministerium, insbesondere Renate Augstein noch einmal sehr herzlich danken. Die Untersuchung selbst und die Forschungsergebnisse sind in zusammenhängender Form in einer Schriftenreihe des Ministeriums veröffentlicht.

Im Verlauf unserer Forschungsarbeit stellten wir bald fest, daß wir mit ganz spezifischen Schwierigkeiten konfrontiert waren, deren Art und Ausmaß wir zunächst nicht vermutet hatten. Einige dieser Schwierigkeiten lernten wir im Laufe der Zeit als dem Thema inhärente psychotraumatologische Abwehrmechanismen zu verstehen. Im ersten Kapitel werden wir diese näher analysieren. Vor allem aber waren wir entsetzt über die große Not der Betroffenen, die nicht ohne Grund in den USA inzwischen als „Überlebende" bezeichnet werden, die ablehnenden Reaktionen, auf die sie z. T. bei der Suche nach fachlicher Hilfe stießen. Selbst viele gutwillige Fachleute reagierten verunsichert und hilflos.

Es schien ein großer Informationsbedarf über die Thematik zu herrschen, und zwar keineswegs nur in der Öffentlichkeit, sondern auch in Fachkreisen. Deswegen entschlossen wir uns, wichtige Forschungsergebnisse und praktische Erfahrungen zusammenzufassen, um damit den Betroffenen, interessierten Fachleuten und potentiellen Psychotherapiepatientinnen und -patienten einen Überblick über das komplexe Gebiet zu vermitteln und Hilfsmöglichkeiten aufzuzeigen.

Unser Dank gilt allen, die uns auf diesem – manchmal sehr mühsamen – Weg unterstützt haben. Zunächst danken wir den vielen in ihrer Therapie ausgebeuteten Patientinnen und Patienten, die sich an der Untersuchung beteiligt haben und bereit waren, ihre Erfahrungen darzustellen. Wir danken ihnen ganz besonders, da wir wissen, daß sich mit dem traumatischen Erleben erneut zu konfrontieren nicht leicht und oftmals sehr belastend ist.

Zahlreiche Kolleginnen und Kollegen haben sich bereit erklärt, als erste „Anlaufstelle" für Betroffene und als Folgetherapeuten bzw. Folgetherapeutinnen zur Verfügung zu stehen. Diese spontane Bereitschaft hat uns sehr ermutigt und vielen Betroffenen geholfen.

Allen Freundinnen und Freunden, Kolleginnen und Kollegen, die uns unterstützt, wichtige Anregungen gegeben und in unserem Vorhaben bestärkt haben, vor allem Claudia Heyne, Günter Jerouschek und Martin Ehlert-Balzer möchten wir hier ebenso danken wie unseren Mitarbeiterinnen und Mitarbeitern für ihr großes Engagement und die ungewöhnlich kooperative Zusammenarbeit: Gabriele Popp, Roland Billian, Claudine Lautenschläger, Oliver Rajki und Andreas Hammel.

Freiburg, im Februar 1996   Monika Becker-Fischer
                                             Gottfried Fischer

Inhaltsverzeichnis

1. Einführung: Das Problem

Von sexuellen Kontakten zwischen Psychotherapeuten, Psychiatern, Psychologen und psychologisch beratenden Ärzten und ihren Klientinnen oder Patientinnen war lange Zeit wenig zu hören. Wir (G.F. und M.B.-F.) haben beide nach unserem Psychologiestudium eine psychotherapeutische Ausbildung begonnen, zuerst in Gesprächspsychotherapie (G.F.), dann in der Psychoanalyse. In der psychoanalytischen Ausbildung war klar, daß die Abstinenzregel u.a. sexuelle Kontakte mit Patienten oder auch private Beziehungen allgemein ausschließt. Zudem hatte die psychoanalytische Technik Gesichtspunkte für den Umgang mit erotisierter Übertragung entwickelt, die teilweise schon auf Freuds Aufsatz von 1914 „Bemerkungen zur Übertragungsliebe" zurückgingen, teilweise seither weiterentwickelt und verfeinert wurden. Von sexuellem Mißbrauch in Psychoanalysen und Psychotherapien hatten wir nichts gehört. Es war für uns wie für die Berufsverbände generell kein Thema. Wir hätten damals eine ähnliche Auskunft geben können, wie später ein führender Funktionär einer der großen deutschen psychoanalytischen Vereinigungen. Dieser wurde von einem unserer Kollegen, der über sexuellen Mißbrauch in der Psychotherapie forschte, telefonisch befragt, ob es in seiner Vereinigung solche Fälle gebe. Seine Antwort war schlicht und knapp. In der Psychoanalyse gäbe es seit Freud die Abstinenzregel, deshalb käme so etwas nicht vor. Natürlich traf dies nicht zu. Wer sich umsah, hätte auch damals schon auf Beispiele stoßen können. Aber niemand achtete darauf. Es gab die Abstinenzregel, die angeblich selbstverständlich befolgt wurde, und damit war das Thema erledigt. Erst als wir in unserer Praxis Patientinnen sahen, die Opfer von „Ausnahmen von der Regel" geworden waren und die uns mit den bis in lebensbedrohliche Dimensionen gehenden Folgen solcher „Ausnahmen" konfrontierten, wurden wir aufmerksamer. Wir bemerkten, welches Maß an Unwissen und Abwehr, bis hin zu Beschimpfung und Verfolgung der Opfer, nämlich der von Regelbrüchen betroffenen Patientinnen und Patienten, bei einigen Kolleginnen und Kollegen verschiedener „Schulrichtungen" zu beobachten war, selbst solchen, die wir als persönlich seriös und integer schätzten.

Wenn sich mit zunehmender Diskussion des Themas auch in den Medien mit der Zeit nicht mehr leugnen ließ, daß Brüche der Abstinenzregel aufgetreten waren, so war jetzt von bedauerlichen Einzelfällen die Rede, oder die Berichte wurden verächtlich zum „Modethema" erklärt. Man sprach jetzt vom Mißbrauch des Mißbrauchs. „Exhibitionistische" Patientinnen, denen es um Selbstdarstellung in der Öffentlichkeit ginge, hätten sich mit sensations- und im übrigen natürlich geldgierigen Journalisten oder Verlagen verbündet, um ihrerseits aus dem bedauerlichen Thema Kapital zu schlagen. Auch wenn dies in einzelnen Fällen sicher nicht ganz falsch ist, ist dennoch die Generalisierung des Arguments und vor allem die Konsequenz bemerkenswert: Angesichts dieser betrüblichen Entwicklung sahen sich daraufhin manche Kollegen, die diese Auffassung vertraten, in ihrem Nichtstun und der Ignorierung tatsächlicher Vorkommnisse vollauf bestätigt. „Abstinenz" wurde jetzt in einem ganz anderen Sinne als Tugend verstanden. Gegenüber Modethemen und Sensationsmache Abstinenz zu üben, ist natürlich ehrenwert und wird als Zeichen einer intellektuell überlegenen „analytischen" Haltung betrachtet. Das reale Verhalten gegenüber den „bedauerlichen Ausnahmeerscheinungen" wird durch diesen Argumentationswechsel natürlich nicht verändert. Vorher tat man nichts, da das Problem verleugnet wurde, später nichts, da man sich ja unmöglich am Mißbrauch des Mißbrauchs beteiligen konnte[1].

Eine ähnliche Dialektik der Meinungsbildung läßt sich in der Bundesrepublik Deutschland annähernd zeitgleich beim Thema des sexuellen Kindesmißbrauchs beobachten, zu dem sich die Journalistin Rutschky (1994) mit z. T. auffallend ähnlichen Argumenten inzwischen als Wortführerin der Anti-Antimißbrauchsbewegung profiliert hat (zur Analyse der „Mißbrauch des Mißbrauchs..."-Argumentation vgl. Bormann und Sieg, 1995).

Aus psychoanalytischer und sozialpsychologischer Sicht liegt natürlich die Vermutung nahe, daß es sich bei den beschriebenen Argumentationsstrategien um „Abwehrmechanismen" im weitesten Sinne handelt. Wir gehen auf das Abwehrkonzept speziell gegenüber psychotraumatischen Phänomenen im folgenden Abschnitt noch genauer ein. Man will mit dem Problem nichts zu tun haben. Vorher, solange man es ignorieren konnte, war die Welt in Ordnung. Diejenigen, die jetzt darauf hinweisen, betreiben Mißbrauch mit dem Mißbrauch. Nicht das Problem mißbrauchender Kollegen wird verfolgt, sondern diejenigen, die sich für die Rechte mißbrauchter Patienten einsetzen, werden angegriffen. Vorher waren sexuelle Übergriffe von Therapeuten gegenüber Patienten kein

Thema. Jetzt ist es plötzlich ein Modethema, dem gegenüber sich ein wirklich aufgeklärter und kritischer Kollege doch skeptisch verhalten sollte.

Dieses „Argumentationskarussel" läßt vermuten, daß es auch für kritische und aufgeklärte psychotherapeutische Kollegen nicht einfach ist, einen Ausweg aus der Verleugnung eines unliebsamen Themas zu finden, eines Themas, das die Integrität des Berufsstandes in Frage stellt und damit zugleich die berufliche Integrität des einzelnen, die ja als soziale immer auch Bestandteil einer Gruppenidentität ist. Welch heftige Ängste die öffentliche Diskussion bei einigen Kollegen auslöst, ist allerdings erstaunlich. Manche steigern sich in eine existentielle Dimension, sie fürchten, der psychotherapeutische Berufsstand könne durch diese Auseinandersetzung soweit geschädigt werden, daß die Existenzgrundlage gefährdet ist. Eine recht irrationale Verdrehung, denn gerade durch sachgerechte Auseinandersetzung mit der Problematik und Maßnahmen zum Schutze der Patientinnen vor ausbeutenden Kollegen und Kolleginnen könnte der Berufsstand der Psychotherapeuten seine ethische Integrität beweisen. Tatsächlich läßt sich nur so der Öffentlichkeit verdeutlichen, daß das Wohl der Patientinnen und Patienten wichtiger ist als vorübergehende Schatten, die auf den Berufsstand (und z. T. ja mit Recht) fallen bzw. fallen könnten.

Wir haben vor etwa sechs Jahren, im Jahre 1990, mit einer empirischen Untersuchung zu sexuellen Übergriffen in Psychotherapie und Psychiatrie (SÜP) begonnen. Aus eigenen Behandlungen hatten wir erfahren, wie schwerwiegend die Schädigungen solcher Übergriffe sind, und waren darüber sehr erschüttert. Ähnlich betroffen waren wir über die Reaktionen, auf die wir z.T. auch bei Kollegen trafen, wenn wir darüber sprachen. Einige davon haben wir oben erwähnt. Da große Unwissenheit auch in Fachkreisen über die Thematik herrschte, hofften wir, auf diese Weise vielleicht etwas Klarheit in das verwirrende Durcheinander von Thema und Modethema, von Mißbrauch und Mißbrauch des Mißbrauchs zu bringen und herauszufinden, was eigentlich „dran" ist an der ganzen Angelegenheit. Als Psychoanalytiker hatten wir noch ein anderes Interesse. Immer wieder war in diesen ersten Jahren in Deutschland, das sich traditionellerweise ja eher feindselig und ablehnend gegenüber psychoanalytischen Ideen verhalten hat, die Rede vom Mißbrauch auf der „Couch". Offenbar übt dieses „Arbeitswerkzeug" des Psychoanalytikers eine derartige Suggestivwirkung aus, daß es quasi zum Symbol des

Mißbrauchs wurde und dadurch die Psychoanalyse möglicherweise über Gebühr in den Mittelpunkt des Geschehens rückte. Wir nahmen allerdings an, daß Psychoanalytiker – wie andere gründlich ausgebildete Therapeuten – wenn überhaupt, nur in seltenen Ausnahmen ihre Patienten sexuell mißbrauchen, daß also der Hauptgrund in einer schlechten oder fehlenden Ausbildung liegen müsse. In diesem Fall wäre das Problem durch geregelte und gründliche Ausbildungsgänge auch relativ leicht in den Griff zu bekommen. Leider hat sich diese ursprüngliche Hoffnung inzwischen etwas relativiert. Es trifft zwar zu, daß sich unter den mißbrauchenden Therapeuten zahlreiche schlecht ausgebildete befinden. Andererseits sind aber auch erstaunlich viele darunter, die nach üblichen Maßstäben als gründlich ausgebildet gelten müssen. Die verschiedenen Therapieschulen sind nach den Ergebnissen unserer Untersuchung an inzwischen ca. 100 Fällen, ähnlich wie in den internationalen Vergleichsstudien, allesamt vertreten. Um nur die wichtigsten zu nennen: Verhaltenstherapie, Gesprächspsychotherapie, Gestalttherapie und Psychoanalyse nehmen annähernd gleiche Rangplätze in den entsprechenden Häufigkeitsskalen ein.

Diese annähernde Gleichverteilung der Fälle über die einzelnen Schulrichtungen hinweg läßt den sexuellen Mißbrauch von Patienten als ein Problem der psychotherapeutischen Profession überhaupt erscheinen. Wir werden deshalb im folgenden überwiegend von der Disziplin „Psychotherapie" sprechen, obwohl in angrenzenden Fächern wie Psychiatrie oder Klinischer Psychologie, in Sozialpädagogik und Seelsorge der Mißbrauch – amerikanischen Umfragen zufolge – ebenso häufig vorzukommen scheint. Diese Wortwahl sollte nicht dahingehend ausgenutzt werden, daß hier nun ein spezifisches Problem der Psychotherapie unterstellt wird. Wir werden uns nur der Einfachheit halber im folgenden schwerpunktmäßig auf die psychotherapeutische Beziehung konzentrieren. In den anderen Berufen im Sozial- und Gesundheitswesen bestehen jedoch analoge Verhältnisse, und zwar immer dann, wenn eine Berufsrolle im Sinne einer psychotherapeutischen oder psychologisch-beratenden Funktion wahrgenommen wird. In Kap. 3 wird noch deutlich werden, daß die Folgeschäden des durch helfende Professionen im Sozial- und Gesundheitswesen verursachten Mißbrauchstraumas an die Ausübung dieser Funktion gebunden sind und nicht an den jeweiligen Grund- oder Ausgangsberuf des professionellen Helfers.

Für die Psychotherapie stellt der sexuelle Mißbrauch ein Problem dar, das ihre Fundamente grundsätzlich in Frage stellt. Wir schätzen in unserem Forschungsbericht für das Bundesministerium für Frauen, Jugend, Familie und Senioren (Becker-Fischer & Fischer, 1995) das jährliche Vorkommen auf minimal 300 Fälle pro Jahr im Rahmen der krankenkassenfinanzierten Psychotherapieverfahren. Nimmt man die außerhalb der Krankenkassenregelung stattfindenden Psychotherapien hinzu, so muß diese Zahl noch einmal verdoppelt werden. Das menschliche Leiden, das hier verursacht wird, ist enorm und steht in striktem Widerspruch zu den ethischen Standards der Psychotherapeuten als Berufsgruppe. Diese Form von psychotherapeutischem Fehlverhalten verursacht nach unseren Berechnungen einen volkswirtschaftlichen Schaden von mindestens 20 Millionen Mark pro Jahr. Psychotherapeuten aller Fachrichtungen, das Fach Psychotherapie als therapeutische und wissenschaftliche Gemeinschaft, haben allen Grund, diese Probleme ernst zu nehmen, den Mißbrauch nicht als „Kavaliersdelikt" zu bagatellisieren oder mittels der eingangs dargestellten „Drehtürargumentation" von Mißbrauch und Mißbrauch des Mißbrauchs abzuschieben.

Psychotherapie wird in vielen ihrer Varianten in einer exklusiven Zweierbeziehung durchgeführt. Nur die Integrität des Therapeuten kann garantieren, daß Patientinnen und Patienten, die in einer seelischen Notlage nach Hilfe suchen, nicht noch zusätzlich Opfer ausbeuterischen Verhaltens ihrer Behandler werden. Die meisten Therapieverbände der Bundesrepublik Deutschland haben das Problem und ihre diesbezügliche Verantwortung inzwischen erkannt. Einzelpersönlichkeiten und berufliche Gruppierungen, die weiterhin glauben, sich mit einer „kritischen" Haltung gegenüber dem Mißbrauch von Mißbrauch ihrer Verantwortung entziehen zu können, geraten zunehmend in die Isolierung und müssen sich fragen lassen, ob sie nicht dazu beitragen, das Vertrauen der Öffentlichkeit und der Patienten in die Psychotherapie zu verspielen.

Die meisten Psychotherapieverbände wie auch die meisten Kollegen, mit denen wir gesprochen haben, haben inzwischen ein deutliches Problembewußtsein von der bedenklichen Lage der Psychotherapie ausgebildet. Diese läßt sich folgendermaßen kennzeichnen: Die Psychotherapie ist existentiell darauf angewiesen, den Patienten ein Behandlungsverfahren zu garantieren, in dem diese trotz der exklusiven Zweiersituation, welche die Psychotherapie nun einmal erfordert, zumindest vor den gröbsten Behandlungsfehlern, vor Übergriffen und Ausbeutung geschützt sind. Gelingt es uns in den nächsten Jahren und Jahrzehnten nicht, hier einen wirksamen „Verbraucherschutz" herzustellen, so steht nicht nur der eine oder andere Therapeut oder Täter in Frage, sondern die berufliche und wissenschaftliche Gemeinschaft der Psychotherapeuten insgesamt.

Wir werden in diesem Buch die wichtigsten Problemkonstellationen und Lösungsansätze aufzeigen, die in der internationalen Literatur dargestellt sind bzw. praktisch entwickelt wurden, und eigene Vorschläge ausarbeiten. Vor die Therapie, die Problemlösung, aber haben die Götter die Diagnose gestellt. Und Diagnose sollte zunächst immer auch Selbstdiagnose sein. D.h. wir werden uns zunächst noch genauer mit den psychosozialen Abwehrstrategien beschäftigen, denen wir automatisch und ausgesetzt sind. Wir werden also das Thema unserer Einleitung noch weiter vertiefen und der Frage nachgehen, welche Faktoren ein angemessenes Problembewußtsein hintertreiben können. Was mag verhindert haben, daß sexuelle Übergriffe in Psychotherapien, die ja nicht erst seit heute vorkommen (vgl. Krutzenbichler, Forum), nicht schon früher zu einem „Modethema" wurden?

1.1 Psychotraumatologische Abwehrstrategien

Als erste psychologische Forschungsrichtung hat bekanntlich die Psychoanalyse zahlreiche „Abwehrmechanismen" beschrieben und in ihrer Wirkungsweise erforscht, wie Verdrängung, Verleugnung, Verkehrung ins Gegenteil, Projektion, projektive Identifikation, Rationalisierung oder Intellektualisierung. Diese Abwehrmechanismen können heute als Sonderfall der generellen Fähigkeit des Menschen zur kognitiven „Selbstmanipulation" betrachtet werden. Aus der Theorie und Forschung zur „kognitiven Dissonanzreduktion" haben wir inzwischen genauere Kenntnis von den mehr oder weniger unbewußten Strategien, mit Hilfe derer die Menschen Diskrepanzerlebnisse, z.B. zwischen Einstellung und Verhalten zu „reduzieren", d.h. letztlich zu vertuschen suchen. Forschungsergebnisse zu den Mechanismen der „Selbstdarstellung", des „impression management" in sozialen Kontaktsituationen erweitern unsere Kenntnisse von Strategien der kognitiven Selbstmanipulation und „Selbsttäuschung" (Löw-Beer, 1990). Das weite Feld der sozialpsychologischen Vorurteilsforschung hat unser Wissen über interpersonelle Stabilisierung und soziale (Re-)Inszenierung interessengebundener und oftmals erfahrungsresistenter sozialkognitiver Schemata vertieft. Bei der Analyse dieser Strukturen erscheint das ursprünglich auf den kognitiven Psychologen David Rummelhart (1978) zurückgehende „Script"- oder Drehbuch-Modell sozialkognitiver Schemata bedeutsam. Hier lassen sich gleichsam die „Regieanweisungen" studieren, nach denen die standardisierten, manchmal sogar ritualisierten sozialen Erwartungsmuster inszeniert und aufrechterhalten werden. Sozialkognitive Abwehrstrategien folgen Scripts, die einerseits rituell, andererseits aber selbstwidersprüchlich erscheinen – gemessen am Außenkriterium eines erkenntnisgeleiteten Selbst- und Weltverständnisses. Eric Berne hat mit seinen „Spielen der Erwachsenen" (1967) in pionierhafter Weise zahlreiche solcher persönlicher Inszenierungen beschrieben. Nach Lindsay und Norman (1981) können wir neben den personengesteuerten noch situationsgesteuerte sowie kulturell genormte Scripts unterscheiden. Diese unterschiedlichen Ebenen können bei der Scriptanalyse sozialkognitiver Abwehrstrategien berücksichtigt werden. Zur Bezeichnung einzelner Elemente eines Scripts verwenden wir als unterste Einheit die Szene und für eine ausgearbeitete Teil- oder Substrategie den Begriff des „Szenarios".

Beim Themenbereich sexueller Mißbrauch in der Psychotherapie und vielleicht auch bei anderen Tabuthemen dieser Art finden wir ein Script mit zwei unterschiedlichen sozialkognitiven Prämissen. Entweder wird das Thema nicht recht ernst genommen, bagatellisiert, oder es wird ernst genommen, dann aber „überdramatisiert". Ein rationaler Umgang mit diesem und anderen Tabuthemen läge natürlich in der Mitte: Die Problematik ernst zu nehmen und wirksame Gegenmaßnahmen zu ergreifen. Bagatellisierung und Überdramatisierung enden jedoch, ähnlich wie die zuvor erwähnte Argumentationsstrategie „Mißbrauch des Mißbrauchs" zu beklagen im Wechsel mit der Verleugnung des Themas, letztlich in Passivität. Leider hat die psychoanalytische Abwehrforschung nicht immer genügend verdeutlicht, was eigentlich die Kriterien sind, nach denen wir Abwehrstrategien von denen rationaler Problembewältigung unterscheiden können. Neben der Vermeidung von Erkenntnissen ist die Vermeidung von Handeln eines der wichtigsten Merkmale, die Abwehrstrategien auszeichnen. Der emotionale oder motivationale Gewinn liegt in Spannungs- und „Dissonanzreduktion" sowie der „narzißtischen"

Selbstaufwertung der Autoren des Scripts. Diese können sich als „kritisch"-überlegen verstehen, ohne sich in den unangenehmen „Niederungen" des Tabuthemas aufhalten zu müssen. Mit milder Verachtung läßt sich von dieser Position aus herabsehen auf die betroffenen Patienten oder auf Kollegen, die sich für deren Interessen engagieren. Bagatellisierung und Dramatisierung sind, wie sich noch zeigen wird, Bestandteile eines übergreifenden Scripts. Sie führen, mal auf diesem, mal auf jenem Wege, zum gleichen Resultat, einer Art von selbstwertsteigernder Untätigkeit.

Eine der wichtigsten sozialkognitiven Strategien bei der Bagatellisierung ist die „blaming the victim solution" (Ryan, 1971), die Schuldverteilung auf Täter und Opfer gleichermaßen, im Extremfall sogar die Schuldattribution an das Opfer. Der Vorteil dieses Mechanismus liegt in der zirkulären Rechtfertigung der ursprünglichen Bagatellisierung, also der Prämisse: Wenn Opfer schuldig, oder mindestens mitschuldig sind, brauchen wir diese Vorfälle nicht so ernst zu nehmen nach dem Motto: „Zu so etwas gehören immer zwei". Nur ein kleiner Schritt fehlt jetzt noch, um den sexuellen Mißbrauch von Patienten zum „Kavaliersdelikt" zu erklären und evtl. eher noch die „Triebstärke" jener Kollegen zu bewundern, die sich in ihrer Praxis in der bewußten Weise „engagieren".

Bei einem anderen Kreis von Personen, mit denen wir uns über sexuellen Mißbrauch in der Psychotherapie unterhalten, stoßen wir zunächst auf Ungläubigkeit, dann nach einiger Zeit auf heftige Empörung. Ob sich aus dieser Empörung das Abwehrszenario der Überdramatisierung entwickelt, hängt vor allem davon ab, ob unser Gesprächspartner die Erschütterung seines persönlichen Sicherheitsempfindens ertragen kann, die mit Informationen über die dunkle Seite des sozialen Lebens, z.B. den Mißbrauch von Machtverhältnissen in der Regel verbunden ist. Regelbrüche der „Grundannahmen" unseres sozialen Zusammenlebens verunsichern uns alle, auch wenn wir nicht unmittelbar betroffen sind. Um unser Sicherheitsgefühl wiederherzustellen, das teilweise „illusorischen" Charakter hat – wie von der Traumaforscherin Janoff-Bulman in verschiedenen Untersuchungen herausgearbeitet wurde –, kann die anfängliche Empörung und Erschütterung in die Abwehrstrategie der Überdramatisierung umschlagen (Janoff-Bulman, 1992). In diesem Szenario wird betont, hier läge ein so ungeheuerliches Verbrechen vor, daß nur die härtesten Strafen für den Täter angemessen seien. Somit lädt derjenige eine kaum noch tragbare Verantwortung auf sich, der den Mut hat, gegenüber einem Kollegen oder einer Kollegin einen solchen Vorwurf zu erheben.

Die Tat selbst wird mit dieser Strategie immer weiter der Realität entrückt, jener „Banalität des Bösen", die Hannah Arendt an den Verbrechen totalitärer Regimes hervorhebt (Arendt, 1995). Haben wir es aber einmal mit einem so ungeheuerlichen Frevel zu tun, so ist es – dieser Abwehrstrategie zufolge – eine Forderung der Vernunft, im Problemfeld weitgehend Abstinenz zu üben. Jedenfalls sollte man sich nicht auf Handeln, das dann im psychoanalytischen Jargon abwehrend verächtlich „Agieren" genannt wird, einlassen. Schuldig oder mitschuldig sind immer alle: bei der Bagatellisierung das Opfer, bei der Überdramatisierung derjenige, der gegen einen möglichen Täter den „ungeheuerlichen" Vorwurf erhebt. Dieser existentiellen Verurteilung zum Schuldigwerden ist das Nichtstun allemal vorzuziehen. Übersehen wird allerdings dabei, daß auch und gerade derjenige, der nichts unternimmt, sich mitschuldig macht. Eine Haltung, die besonders in Deutschland eine lange Tradition hat.

Vernunft ist u.a. eine Frage der Balance, des dialektischen Ausgleichs und der Spannungstoleranz. Die Beschäftigung mit Tabuthemen, mit physischer und psychischer Traumatisierung und ihren Folgen, untergräbt unsere Illusionen von einer heilen Welt und erschüttert unser basales Sicherheitsgefühl. Bagatellisierung und Überdramatisierung vermeiden diese – oft ja heilsame – Erschütterung, die zur Problemdefinition führen kann, jeweils auf ihre Weise. Man kann die beiden Teilstrategien des Abwehrscripts mit mikroskopischem oder makroskopischem Sehen vergleichen. In der Mikropsie, die z.B. bei Zwangsneurosen als psychopathologisches Symptom auftritt, erscheint das Wahrnehmungsbild extrem verkleinert und weit entrückt, so, als würden wir durch ein umgedrehtes Fernglas schauen. Makropsie dagegen verzerrt das Wahrnehmungsbild in entgegengesetzter Weise, so, als würden wir einen nahegelegenen Gegenstand durch ein Fernglas betrachten, dieses Mal aber in der normalen, auf Fernsicht gerichteten Einstellung. Beide Wahrnehmungsstrategien jedoch, die mikro- und makroskopische, kommen letztlich zum gleichen Resultat: Sie verhindern die Entfernungsregulierung, die das Auge benötigt, um klar sehen und damit – handlungstheoretisch – ein effektiv problemlösendes Handeln vorbereiten zu können.

1.2 Abwehrstrategien im sozialen Umfeld

Repräsentative Untersuchungen in den USA haben ergeben, daß jeder zweite Psychotherapeut schon einmal Patienten in Therapie hatte, die von einem Kollegen mißbraucht worden waren (u.a. Aghassy und Noot, 1987; Pope, 1991; Gartrell et al., 1986). Eine Befragung des Instituts für Psychotraumatologie in Deutschland an Mitgliedern der großen Psychotherapieverbände der Deutschen Gesellschaft für Psychotherapie, Psychosomatik und Tiefenpsychologie (DGPT) zeigte, daß 85 % der Befragten mindestens eine SÜP-Patientin in Folgebehandlung gehabt hatten. Durchschnittlich sind sie sogar mit 4,2 Fällen konfrontiert gewesen. Hier liegt zwar kein repräsentatives Befragungsergebnis vor, da auf die Anfrage vor allem diejenigen Kollegen und Kolleginnen geantwortet hatten, die bereit waren, Zweittherapien nach sexuellem Mißbrauch in der Psychotherapie oder Psychiatrie zu übernehmen, eine Untergruppe also mit expliziter Bereitschaft, sich im Problembereich zu engagieren. Diese Untergruppe könnte mit überdurchschnittlich vielen Fällen konfrontiert gewesen sein. Allerdings kommt die erwähnte amerikanische Untersuchung zu einem vergleichbaren Ergebnis.

Psychotherapeuten, die von Kollegen mißbrauchte Patienten selbst behandelt haben oder in diagnostischen Vorgesprächen mit ihnen in Kontakt kamen, sehen sich in einer schwierigen Lage. Ihre Rolle als Berater oder als „Folgetherapeuten" und ihr Verständnis von „Abstinenz" verbieten ihnen im allgemeinen, gegen den mißbrauchenden Kollegen, ihren therapeutischen Vorgänger, eigene Schritte zu unternehmen, auch wenn sie dies für angemessen halten würden. Viele kennen den mißbrauchenden Kollegen persönlich, begegnen ihm auf Institutsversammlungen, bei Fortbildungen, in Supervisionsgruppen etc. In den meisten psychotherapeutischen Berufsverbänden oder Gruppierungen fehlen z. Zt. noch ausgearbeitete, verbindliche Richtlinien für ein Vorgehen in solchen Fällen und evtl. ehrengerichtliche Schritte. Selbst wenn die Kollegen bisher nicht persönlich dem defensiven Script von Bagatellisierung vs. Dramatisierung folgten, so geraten sie durch ihr Nichtstun doch zunehmend in eine kognitive Dissonanz zu ihrer Einstellung. Eine Möglichkeit, diese Dissonanzen aufzulösen, besteht nun darin, auf Bagatellisierung oder eine vergleichbare Strategie der Herstellung von Irrelevanz zurückzugreifen. Die Tätertherapeuten können sich ihrerseits durch Untätigkeit der Kollegen und die hieraus folgende Bagatellisierungsstrategie bestätigt fühlen. Solche vielfältig verzahnten sozialkognitiven Strategien können verständlich machen, daß die deutschen Berufsverbände bis vor einiger Zeit weitgehend untätig blieben. Nur wenige verfügen bis heute über eine Ehrengerichtsordnung und geeignete Verfahrensvorschriften.

Bei dem Berufsverband Deutscher Psychologinnen und Psychologen (BDP), der tatsächlich über eine verbindliche Ehrengerichtsbarkeit verfügt, wurde bis zum Jahre 1991 lediglich ein Mitglied wegen sexuellen Mißbrauchs in der Therapie aus dem Verband ausgeschlossen. Seit einiger Zeit hat der BDP dank der Initiative einiger engagierter Mitglieder andere Richter beauftragt und ein wirksames Ehrengericht auch gegenüber sexuellem Mißbrauch etabliert. So bezogen sich von den sechs Urteilen, die im Jahre 1993 ausgesprochen wurden, vier auf sexuelle Übergriffe. Die Urteile reichten von Geldstrafen, Aberkennung der Behandlungsberechtigung bei der Techniker-Krankenkasse bis zum Verbandsausschluß (BDP-Jahresbericht, 1993).

Das Beispiel BDP zeigt, daß allmählich Konsequenzen gezogen werden. Aus der bisherigen Passivität der Verbände kann allerdings nicht geschlossen werden, daß die Mehrzahl der Verbandsmitglieder Sympathisanten der Täter seien, zu denen sie oft erklärt werden. Es müssen vielmehr die erwähnten sozialpsychologischen Mechanismen berücksichtigt werden, die nicht bewußten Entschlüssen oder Einstellungen einzelner Personen folgen. Dabei entstehen kollektive Handlungen, nach Gesetzen, die niemand geplant oder gewünscht hat, die sich jedoch trotzdem als Regelhaftigkeiten eines Kollektivs durchsetzen. Von philosophischer Seite hat als erster Jean-Paul Sartre in seiner „Kritik der dialektischen Vernunft" (1960, dt. 1967) solche sozialkognitiven Mechanismen als Strukturen des „Praktisch-Inerten" (S. 81 ff.) beschrieben. Soziale Kollektive funktionieren oft nach solchen praktischen Trägheitsgesetzen. Allerdings gibt es hinreichend Grund für unsere Berufsgruppe, die Psychotherapeuten, sich diesen Trägheitsgesetzen entgegenzustellen und problemadäquate Entscheidungsstrukturen zu entwickeln.

Wir befragten die betroffenen Patientinnen unserer Untersuchung, wie ihre Therapeuten den Mißbrauch jeweils begründet haben. So kann man auf empirischem Wege Rechtfertigungsstrategien erfassen, die den Mißbrauch nicht nur vertuschen und tolerieren, sondern auch legitimieren sollen. Die Inhaltsanalyse ergab acht unterschiedliche Strategien, von denen fünf die größte Besetzungsfrequenz einnahmen: der Übergriff als

Schicksal, als therapeutische Maßnahme, Schuldzuweisung an die bzw. Mitschuld der Patientin, Leugnung des Vorfalls und Beteuerung von Liebe und emotionaler Authentizität.

Dabei unterscheiden sich die einzelnen psychotherapeutischen Schulen in ihren Rechtfertigungsstrategien. Unsere Stichprobengröße läßt gegenwärtig nur Trendaussagen zu. Demnach bevorzugten die Verhaltenstherapeuten tendenziell die „therapeutische" Rechtfertigungsstrategie. Sie stellten den Mißbrauch als therapeutisch erforderlich hin. Die psychoanalytisch orientierten Therapeuten waren zusammen mit den Gesprächstherapeuten auf Schuldzuweisung an die Patientinnen spezialisiert. Adlerianer und Jungianer bestritten den Vorfall, auch gegenüber der Patientin. Humanistische Therapeuten beriefen sich zur Rechtfertigung des Mißbrauchverhaltens auf ihre authentischen Gefühle. Die schulenspezifischen Schwerpunkte bildeten nur eine Tendenz in unserem Datenmaterial und schließen nicht aus, daß quer durch die unterschiedlichen psychotherapeutischen Schulen hindurch von den anderen Legitimationsstrategien ein „flexibler" Gebrauch gemacht wird.

Vielleicht am stärksten verbreitet ist die Schuldzuweisung an die Patientinnen. Dies entspricht dem populären Vorurteil „Dazu gehören immer zwei", mit den Folgen der Opferbeschuldigung bzw. einer „gerechten" Verteilung der Schuld auf Opfer und Täter. Für diese Argumentationsfigur liegt mittlerweile auch ein Videobeispiel vor. In einer Sendung des Spiegel TV vom 21.9.1994 trat, zusammen mit einer Betroffenen und einer Expertin, ein Psychologe und Psychotherapeut auf. Er gab an, Folgetherapien mit Betroffenen durchgeführt zu haben, und teilte seine Strategie dabei unumwunden mit. Er würde den Betroffenen klarmachen, daß sie selbst schuldig oder zumindest mitschuldig wären an dem Vorfall, danach ginge es ihnen besser, und sie seien geheilt. Auch als er in der Sendung auf Widerspruch der betroffenen Patientin und der Expertin stieß, mochte er von dieser Strategie, die im gesamten Kollektiv der Therapeuten die häufigste Rechtfertigungsstrategie ist, nicht abrükken. Er hielt daran fest, die Patientinnen seien „irgendwie" immer mitschuldig, und die Einsicht in diese ihre Mitschuld habe für sie eine therapeutische Wirkung.

Hier wird eine im therapeutischen Berufsstand weitverbreitete Abwehrstrategie zur Legitimation der sexuellen Übergriffe verwendet und deren Übernahme durch die Patientin sogar noch als Therapieziel ausgegeben. Wie bei Rationalisierungen überhaupt, wird von vernünftigen Argumenten nur scheinbar Gebrauch gemacht.

Die Unlogik der Argumentation besteht vor allem in der Verwechslung unterschiedlicher logischer Stufen und Realitätsebenen, nämlich von physischer Beteiligung und Schuldfrage. Beteiligt sind Opfer an ihrem Schicksal immer. Wer z.B. bei einem Überfall auf den Kopf geschlagen wird, ist insofern beteiligt, als er immerhin zu dieser Zeit anwesend war und seinen Kopf nicht rechtzeitig beiseite gezogen hat. Um aus dieser „Beteiligung" nun aber eine Mitschuld zu konstruieren, bedarf es einer „Theorie", die die Mitbeteiligung in Mitschuld der Opfer umdefiniert. Hierzu eignet sich u.a. ein allerdings falsches Verständnis des sogenannten neurotischen Wiederholungszwanges. Von den Probandinnen unserer Untersuchung werden mehrere Freudianer zitiert, die mit diesem Argument ihren sexuellen Übergriff rechtfertigen: „Opfer finden immer ihren Täter", „Wenn ich es nicht gemacht hätte, wäre es ein anderer gewesen". Die Anwendung von Begriffen wie Wiederholungszwang, Traumatophilie oder neuerdings *addiction to the trauma* (Traumasucht), widerspricht hier jeglicher Logik. Zweifellos existieren in der klinischen Erfahrung solche Phänomene und sind auch relativ gut wissenschaftlich untersucht und bestätigt. Die Psychotherapie ist allerdings dazu da, die Wiederholung solcher Abläufe zu verhindern und die Patientin vom Wiederholungszwang zu befreien. Therapeutisches Fehlverhalten darf nicht mit Hinweis auf diese klinischen Phänomene begründet oder gar gerechtfertigt werden. Allerdings sind Vorurteile und Abwehrstrategien der logischen Widerlegung nur begrenzt zugänglich. Solange eine größere Gruppe therapeutischer Kollegen von diesen Strategien Gebrauch macht, dürfen wir uns nicht wundern, wenn die Täter sie zur Rechtfertigung ihres Verhaltens heranziehen werden. Das Mitschuldargument verstärkt darüber hinaus noch die bei den Opfern ohnehin vorhandene Tendenz, sich selbst für den Vorfall anzuklagen oder zumindest dafür, ihn nicht verhindert zu haben.

Solche eingespielten Mechanismen können nur durch bewußtes Umdenken in Fachkreisen und Öffentlichkeit unterbrochen werden. Dabei ist zu berücksichtigen, daß das Mitschuldargument Bestandteil der aufgezeigten Bagatellisierungsstrategie ist. Diese Strategie erspart uns die seelische Erschütterung, welche mit der Einfühlung in schwere Verletzungen und Einsicht in Unrechtsverhältnisse einhergeht. Ihr Vorteil ist allerdings teuer erkauft. Sie verschleiert die Tatsache, daß für die Gestaltung und Aufrechterhaltung der psychotherapeutischen Situation der Behandler die alleinige Verantwortung trägt. Wenn Patienten ihre

„Wiederholungszwänge" in die Therapie einbringen, bleibt es seine Aufgabe, den Verlauf der therapeutischen Interaktion anders, eben korrektiv zum Wiederholungszwang, zu gestalten. Äußern Patienten erotische Phantasien auch bezüglich des Therapeuten, so ist dies notwendiger Bestandteil der Psychotherapie, die ja die Offenlegung ganz persönlicher Gefühle, Empfindungen und Phantasien verlangt. Und es ist die Aufgabe und Pflicht des Therapeuten, damit in einer hilfreichen Weise umzugehen und nicht etwa Phänomene der „Übertragungsliebe" (Freud, 1915) als persönliche Zuwendung und Zuneigung zu verstehen und sie zu Zwecken persönlicher Befriedigung zu mißbrauchen. Eine Patientin, die in ihren Therapeuten verliebt ist und sexuelle Beziehungen mit ihm wünscht, ist natürlich emotional „beteiligt", wenn es zu sexuellem Mißbrauch kommt, sie ist aber weder mitschuldig noch mitverantwortlich für den Vorfall und die gravierenden Folgen, die sich aus ihm ergeben.

2. Umrisse des Problems: Verbreitung und Täterprofile

Es wurden im vorigen Abschnitt schon einige Angaben zur Epidemiologie sexueller Übergriffe in der Psychotherapie gemacht. Wir rechnen mit mindestens 300 Fällen pro Jahr im Rahmen der kassenfinanzierten Psychotherapie und noch einmal mindestens 300 Fällen, wenn man die außerhalb der Kassen praktizierten Psychotherapieformen, wie Gestalttherapie, Transaktionsanalyse, Psychotherapie im Rahmen des Heilpraktikerberufes, Körpertherapien, Bioenergetik, Tanz- und Atemtherapien usw. mit hinzu zählt.

Unsere Berechnung beruht auf einem Ansatz, den K. M. Bachmann vom Psychiatrischen Landeskrankenhaus der Universität Bern vorgeschlagen hat. Die meisten Befragungen von Psychotherapeuten danach, ob sie in ihrem Leben jemals sexuelle Kontakte zu Patienten hatten, kommen auf eine Quote von ca. 12 % der männlichen Therapeuten und ca. 3 % der weiblichen Therapeuten, die diese Frage bejahen. Die amerikanischen Haftpflichtversicherungen schätzen, daß ca. 20 % der Therapeuten mindestens einmal in ihrer Laufbahn sexuelle Intimitäten mit Patientinnen/Patienten aufnehmen (z.B. Kardener et al., 1973; Holroyd & Brodsky, 1977; Gartrell et al., 1986). Diese Zahl liegt also mindestens doppelt so hoch wie die Selbstangaben der Psychotherapeuten. Wenn wir jedoch lediglich von den Selbstangaben ausgehen, so kämen wir bei 1000 befragten Psychotherapeuten durchschnittlich auf 100, die angeben, mindestens einmal in ihrer beruflichen Laufbahn sexuelle Kontakte mit Patienten gehabt zu haben. Nun bleiben bei einem nicht geringen Anteil der Therapeuten sexuelle Kontakte kein einmaliges Vorkommnis. Die Angaben über den relativen Anteil von Wiederholungstätern schwankt in den vorliegenden Studien zwischen 80 % und 33 % (Holroyd & Brodsky, 1977; Gartrell et al., 1986). Nimmt man einen Durchschnittswert von 50 % an, wären zu den 100 Übergriffen weitere 50 hinzuzuzählen. Bei 1000 Therapeuten sind mindestens 150 Patienten betroffen. Wenn ein Therapeut ca. 30 Jahre praktiziert, kann bei 1000 Therapeuten auf mindestens 5 Fälle pro Jahr geschlossen werden (Bachmann, persönliche Mitteilung). Bei mindestens 10 000 Therapeuten, die im Rahmen der kassenärztlichen Versorgung tätig sind (vgl. dazu Meyer et al., 1991) ergeben sich als äußerste Minimalschätzung ca. 50 Fälle in der Bundesrepublik Deutschland, auf der Basis von Eigenangaben der Therapeuten. Andere Datenquellen, wie Befragungen von Folgetherapeuten, weisen einen etwa doppelt so hohen minimalen Schätzwert aus. Berücksichtigt man zusätzlich Direktbefragungen von Patientinnen und Patienten („Petra", 1991), so erscheint die Zahl von 300 Betroffenen pro Jahr im Rahmen der krankenkassenfinanzierten Psychotherapie und 600 Betroffenen pro Jahr im Rahmen der in der Bundesrepublik insgesamt praktizierten Psychotherapie als eine realistische Minimalschätzung.

Infolge der schwerwiegenden Folgeschäden, die sexuelle Übergriffe in der Psychotherapie in der Regel nach sich ziehen, ist die jährliche Kostenbelastung, die in der Gesundheitsversorgung durch dieses Fehlverhalten von Psychotherapeuten entsteht, hoch. Allein für gescheiterte Ersttherapien und die ambulanten und stationären Folgetherapien, d. h. ohne die Kosten, die durch Langzeitschäden wie Arbeitsunfähigkeit und Berentung verursacht werden, betragen sie bei 600 Betroffenen jährlich ca. 20 Mio. DM (vgl. Becker-Fischer & Fischer, 1995).

Die Täter sind zu ca. 90 % männlichen Geschlechts, die Opfer zu ungefähr 90 % Frauen. Wegen dieser typischen Verteilung der Geschlechter sprechen wir im folgenden von *dem* Therapeuten und *der* Patientin bzw. Klientin. Zwar weisen neuere Ergebnisse eine höhere Anzahl sexuell mißbrauchender Therapeutinnen auf, auch häufen sich die Hinweise auf eine erhöhte Dunkelziffer bei Patienten. Diese höheren Dunkelziffern gehen vermutlich auf geschlechtsspezifische Rollenstereotypen zurück. Männern fällt es schwerer, sich als „Opfer" eines sexuellen Übergriffs zu verstehen, insbesondere, wenn der Übergriff von einer Frau ausgeht. Hingegen haben Frauen als Therapeutinnen heftigere Widerstände dagegen, sich aktiv-verführend und somit als Täterin zu erleben. Trotz dieser verborgenen Bereiche scheint es realistisch, die Konstellation zwischen Therapeut und Klientin als die absolut häufigste anzusehen.

Im Frühjahr 1994 haben wir eine Einrichtung in den USA besucht, die seit etwa 20 Jahren klinische Erfahrungen in der Beratung von betroffenen Patientinnen und grenzüberschreitenden Therapeuten gewonnen hat, das Walk-in-Counseling-Center in Minneapolis. Die dortigen Mitarbeiter, Gary Schoener, Janette Milgrom und Ellen Luepker, haben aufgrund ihrer klinischen Erfahrungen die folgende Tätertypologie erstellt.

1. Uninformierte Naive:

Zu ihnen zählen sie paraprofessionelle oder Therapeuten, deren Ausbildung unzureichend war, speziell im Hinblick auf die Frage der Grenzziehung zwischen dem persönlichen und beruflichen Bereich. Im persönlichen Kontakt erweckt diese Gruppe einen extrem naiven Eindruck. Offensichtlich fehlt es ihnen an der persönlichen Reife für den therapeutischen Beruf.

2. Gesunde oder durchschnittlich Neurotische:

Bei ihnen ist der sexuelle Kontakt mit Klientinnen begrenzt oder ein einzelnes Erlebnis. Sie wiederholen die sexuellen Kontakte normalerweise nicht, sind sich darüber im klaren, daß es sich dabei um etwas Unethisches handelt, und machen sich Vorwürfe. Sie stehen im allgemeinen zu dem, was geschehen ist, sind bereit und motiviert zu Supervision oder einer eigenen Psychotherapie und haben eine eher günstige Prognose im Hinblick auf rehabilitative Maßnahmen.

3. Schwer Neurotische und/oder sozial Isolierte:

Sie haben meistens deutliche emotionale Probleme, die schon länger bestehen, und leiden speziell unter Depressionen, Selbstwertproblemen und Einsamkeit. Die therapeutische Arbeit ist ihr Lebensinhalt, mit dem fast alle ihre persönlichen Bedürfnisse befriedigt werden sollen. Während bei der vorhergehenden Gruppe aktuelle, situative Probleme eine wesentliche auslösende Rolle spielen, kommen diese hier zwar auch vor, sind aber bei weitem nicht so ausschlaggebend für die sexuelle Kontaktaufnahme mit Patientinnen. Wenn auch Schuldgefühle bestehen können, so gewannen Schöner und Gonsiorek doch den Eindruck, daß diese Gruppe von Therapeuten kaum in der Lage ist, ihr Verhalten zu verändern, und daß ihre Schuldgefühle eher zu unbewußt selbstbestrafendem Verhalten führen als zu konstruktiven Veränderungen. Die Rehabilitationsmöglichkeiten sind bei diesen Personen begrenzt.

4. Impulsive Charakterstörungen:

Therapeuten mit Schwierigkeiten in der Triebkontrolle, die im allgemeinen schon lange bestehen. Meistens finden sich in ihren Lebensgeschichten schon einige frühere Grenzüberschreitungen wie sexuelle Belästigungen von Mitarbeitern oder Auszubildenden, kleinere Betrügereien oder auch schwerwiegendere Sexualdelikte. Sie haben normalerweise sehr viele Kontakte mit sehr vielen Patientinnen, gleichzeitig oder nacheinander. Schuldgefühle, Depression oder Reue zeigen sie nur, solange ihnen Konsequenzen drohen. Sie sind sich anscheinend nicht bewußt, welchen Schaden ihr Verhalten bei den Patientinnen anrichtet, und verleugnen jegliche Folgeschäden. Sie sind im allgemeinen nicht rehabilitierbar.

5. Soziopathische oder narzißtische Charakterstörungen:
Diese ähneln in vielerlei Hinsicht den impulsiven Charakteren, sind jedoch im Unterschied zu diesen „cool", berechnend. Sie sind „Experten" nicht nur im Verführen von Patientinnen, sondern auch im Vertuschen ihrer Handlungen und darin, Kollegen zu manipulieren. Im allgemeinen haben sie eine lange Reihe von früheren Opfern aufzuweisen, die jedoch fast immer sehr gut versteckt ist. Wenngleich sie bei Entdeckung und Konfrontation mit ihrem Verhalten manchmal eine bemerkenswerte Fähigkeit haben, die Reaktionen der gesünderen Therapeuten zu imitieren und beispielsweise Betroffenheit vorzutäuschen, sind diese Reaktionen jedoch nicht echt. Die Aussichten für rehabilitative Maßnahmen sind dementsprechend schlecht.

6. Psychotische oder Borderline-Persönlichkeiten:
Hervorstechendstes Merkmal dieser Gruppe ist die schwache soziale Urteilsfähigkeit bzw. der gestörte Realitätsbezug. Sie benutzen häufig im Vergleich zu den oben beschriebenen Gruppen ausgesprochen bizarr wirkende Rationalisierungen für ihr Verhalten. Einige gehören „Psychosekten" an, zeigen paranoide Züge, ideologische oder „ethisch" rationalisierte Wahnbildungen usf. Sie sind nicht rehabilitierbar.

Nicht nur für psychotherapeutische Berufskolleginnen und -kollegen stellt sich aber die schockierende Frage, wie Persönlichkeiten mit diesen Strukturen elaborierte Ausbildungsgänge durchlaufen können. Dies geschieht offensichtlich nicht nur in Deutschland, sondern auch in den USA, wo die Leistungsanforderungen an lizenzierte Psychotherapeuten gegenwärtig bedeutend höher sind als bei uns. Selbst strengere Richtlinien können offenbar nicht verhindern, daß ca. 10 % der später praktizierenden Psychotherapeuten in dieser Weise gegen die fundamentalen ethischen und praktischen Normen ihres Berufsstandes verstoßen. Auswahlverfahren und Aufmerksamkeit der Lehrenden und Supervisoren im Rahmen der Ausbildung sollten zwar auf spezifische Hinweise für die

Psychopathologie potentieller Täter gerichtet werden, unseres Erachtens sollte man hieraus jedoch nicht die Folgerung ziehen, ausgearbeitete Auswahlverfahren und Ausbildungsgänge schlichtweg zu verschärfen und zu erschweren. Ein Beispiel, daß diese Strategie nicht unbedingt zu Erfolgen führt, ist die Psychoanalyse. Dort werden von Lehranalytikern mit den Bewerbern zunächst ausführliche Aufnahmeinterviews geführt. Danach durchlaufen die Auszubildenden persönliche Lehranalysen, die viele Jahre dauern und sie finanziell sehr belasten. Die analytische Ausbildung dauert im Durchschnitt ca. 10 Jahre (Pohlmann, 1985). All diese Maßnahmen haben jedoch keineswegs dazu geführt, daß Psychoanalytiker unter den mißbrauchenden Therapeuten seltener anzutreffen sind als Vertreter anderer Therapieverfahren.

Zwar sammeln sich in der Gruppe 1 der „uninformierten Naiven" zahlreiche nicht, kaum oder schlecht ausgebildete Psychotherapeuten. Die hartgesottenen Fälle, vor allem der soziopathischen Täter, sind jedoch in den etablierten und durchorganisierten Therapieverfahren genauso häufig vertreten wie anderswo auch. Sie bekleiden in etablierten Therapieverfahren wie der Psychoanalyse und Verhaltenstherapie häufig sogar berufspolitische und therapeutisch-wissenschaftliche Führungspositionen und bemühen sich um Mitarbeit oder gar Vorsitz in Ethikkommissionen. Gegen diese Persönlichkeiten ist offenbar in den üblichen Ausbildungsgängen kein Kraut gewachsen. Was hier im Rahmen der Therapieverbände weiterführen kann, ist eine verbesserte Aufklärung des gesamten Berufsstandes, eine Sensibilisierung für grenzlabiles Verhalten, geregelte Verfahrensvorschriften bei Kenntnis von Mißbrauch im Kollegenkreis und eine Einstellungsänderung insbesondere zur Glaubwürdigkeit von Patientinnenaussagen auf diesem Gebiet (s. Kap. 5.).

Zur Persönlichkeitsstruktur sexuell mißbrauchender Psychotherapeuten liegen bislang noch keine abschließenden Untersuchungen vor. Dennoch legen alle bisherigen Studien nahe, daß zunächst zwischen zwei Gruppen unterschieden werden muß. Bei einigen scheinen primär akute situative Krisen und Belastungen zu Grenzüberschreitungen zu führen (Gruppe 1, 2 und z.T. 3, nach Schoener; vgl. auch Reimer, 1990). Diese sind sowohl für präventive als auch für rehabilitative Maßnahmen i.a. ansprechbar. Zu psychopathologischen Aspekten, die bei ihnen eine Rolle spielen, ist die Analyse der „liebeskranken" Therapeuten (lovesick) von Twemlow und Gabbard (1989) lesenswert. Da ihre Probleme sich weitestgehend im Bereich der „Normalität" bewegen, es sich also um ubiquitäre neurotische Phänomene und Belastungssituationen handelt, die therapeutisch aufarbeitbar sind, gehen wir hier auf diese Gruppe nicht weiter ein. Obwohl bei einem großen Teil dieser „Liebeskranken" erhebliche Über-Ich-Defizite vorzuliegen scheinen, scheint es doch einen nicht geringen Teil zu geben, der unter dem mißbräuchlichen Verhalten leidet und es verändern möchte. Ein zweiter Täterkreis scheint unter erheblichen, allerdings oft schwer erkennbaren Persönlichkeitsstörungen zu leiden. Wenig oder gar nicht einsichtsfähig, bilden sie den Kern der Wiederholungstäter. Unter präventiven Gesichtspunkten, ist es daher besonders bedeutsam, diese Störungsformen genauer zu analysieren. Es gibt Hinweise darauf, daß hier Spaltungsphänomene eine besondere Rolle spielen. Diese Spaltungen betreffen nicht nur, wie für die Borderline-Persönlichkeit beschrieben, die guten und bösen Objektrepräsentanzen, sondern es handelt sich um verstärkte dissoziative Tendenzen in der gesamten Persönlichkeitsorganisation. Sie werden z. B. in der Art, wie diese Therapeuten mit Fragen eigener Schuld und Verantwortung umgehen, deutlich (s. Kap. 5.).

Lifton (1993) hat diese Dissoziationen sehr eindrucksvoll bei der Persönlichkeit von Nazitätern und den sogenannten Nazidoktoren beschrieben. Er spricht hier im Gegensatz zur Spaltung von Verdopplung (doubling) der Persönlichkeit. So hatte Dr. Mengele beispielsweise eine eigene „Auschwitz-Persönlichkeit" entwickelt, wenn er mit weißen Handschuhen angetan auf der Verladerampe über Tod und Leben der eingehenden Häftlinge entschied. Strikt getrennt davon war die Familienpersönlichkeit des Dr. Mengele. Hier war er ein treusorgender Familienvater und humanistisch gebildeter Musikliebhaber. Ein ähnliches „Doubling-Phänomen" wurde im Jahre 1984 von dem amerikanischen Psychoanalytiker Smith bei einem prominenten mißbrauchenden Berufskollegen beschrieben. Dieser Psychotherapeut und Psychiater war Vorsitzender zahlreicher berufspolitischer Gremien, genoß einen ausgezeichneten Ruf als praktizierender Psychotherapeut und Theoretiker seiner Disziplin. Er wirkte im persönlichen Kontakt vertrauenerweckend und seriös. Als einige Patientinnen begannen, sich über sexuellen Mißbrauch mit Gewaltanwendung in seiner Praxis zu beklagen, wurden sie von den Berufskollegen mit verschiedenen psychopathologischen Diagnosen versehen. Die persönliche Ausstrahlung des Kollegen war zu überzeugend, um auch nur den Schatten eines Verdachts aufkommen zu lassen. In einem langwierigen ehrengerichtlichen Verfahren, das sich über viele Jahre hinzog, wurde der behauptete Vorwurf der Patientinnen in allen Einzelheiten bestätigt. Man mußte sich schließlich davon überzeugen, daß dieser liebenswürdige und beruflich führende Kollege, der sich in Öffentlichkeit und Berufsstand so verdient gemacht hatte, im Schutz der exklusiven Zweisamkeit seine Patientinnen sexuell mißbrauchte und sogar vor Drohungen und Gewaltanwendung nicht zurückschreckte. Die in der „offiziellen Persönlichkeit" abgespaltenen, im sexuellen Mißbrauch jedoch agierten und „delegierten" Anteile, betreffen eine – möglicherweise traumatisch bedingte – extreme eigene Bedürftigkeit und Sehnsucht sowie massive destruktive bis hin zu sadistischen Motivationen.[2]

Die Frage, ob es bestimmte Eigenschaften bei den Patientinnen gibt, die Opfer eines sexuellen Übergriffs werden, wird in der Literatur unterschiedlich behandelt. Während einige Autoren spezifische Persönlichkeitszüge wie masochistische Züge, Selbstwertprobleme oder Borderline-Störungen hervorheben (Belote, 1974; Smith, 1984; Marmor, 1976; u.v.a.), wird diese Frage in der neueren Literatur eher verneint (z.B. Holroyd & Brodsky, 1977; Schoener, 1984; Wohlberg et al., in press). Abgesehen davon, daß psychopathologische Klassifikationen leicht in die Gefahr geraten, der oben erwähnten Abwehrstrategie der Opferbeschuldigung zu folgen, unterscheiden sich die Probandinnen, die an der Freiburger Studie teilgenommen haben, weder in den sozialstatistischen Daten noch in den Eingangssymptomen in auffälliger Weise vom Durchschnitt der Psychotherapiepatientinnen. Allerdings waren über die Hälfte unserer Probandinnen bereits in ihrer Kindheit sexuell mißbraucht worden. Ob dies ein für Psychotherapiepatientinnen ungewöhnlich hoher Anteil ist, läßt sich nicht sicher sagen. Dennoch erscheint es uns bemerkenswert. Wir werden weiter unten unter traumatheoretischen Aspekten noch einmal darauf zurückkommen.

Wie Schoener, Wohlberg, Holroyd und Brodsky gewannen auch wir den Eindruck, daß es letztlich nur *einen* verläßlichen Prädiktor dafür gibt, ob es in einer therapeutischen Beziehung zum sexuellen Mißbrauch kommt oder nicht. Der liegt allerdings nicht bei der Patientin, sondern in der Persönlichkeitsstörung des Therapeuten. Hat der Therapeut schon früher Patientinnen sexuell mißbraucht, so liegt hierin das zuverlässigste prognostische Kriterium für die Wahrscheinlichkeit von Mißbrauch in einer späteren Therapie. Auch deswegen werden wir der Frage nach der

Psychopathologie von Wiederholungstätern in den folgenden Abschnitten besondere Aufmerksamkeit widmen.

Bei manchen Autoren stoßen Erwägungen über die potentielle Pathologie der Wiederholungstäter auf grundlegende Mißverständnisse. Einerseits werden solche Analysen als Aufforderung zum „Mitleid" mit den ausbeutenden Therapeuten aufgefaßt, denen doch als Opfer früherer Verletzungen keine Schuld zugesprochen werden dürfe. Im Kurzschlußverfahren wird Verstehen mit Ent-Schuldigung der Täter gleichgesetzt. Es wird unterstellt, mit der Explikation möglicher psychischer Hintergründe werde um Verständnis für die Täter geworben, um diese ihrer Schuld zu entheben. Daß dies nicht der Fall ist, läßt sich an einem einfachen Beispiel verdeutlichen. Niemand wird bezweifeln, daß man analysieren kann, wie Atomenergie funktioniert, ohne damit zwangsläufig Atomkraftwerke zu rechtfertigen. Im Gegenteil: Ein genaues Verständnis der atomaren Wirkungsweise und Auswirkungen ist eine notwendige Voraussetzung dafür, ihre Gefährlichkeit wirklich beurteilen und begründen zu können. Analog hierzu hat die Frage der Verstehbarkeit bestimmter Handlungsweisen mit der Frage nach der Verantwortlichkeit grundsätzlich nichts zu tun. Unabhängig von ihren früheren oder aktuell belastenden Erfahrungen sind die Therapeuten verantwortlich für ihr Tun. Sie bieten sich als fachkundige Psychotherapeuten an und müssen als solche ihre Möglichkeiten und Grenzen kennen. Wenn sie eigene Konflikte haben, sind sie dafür verantwortlich, diese unabhängig von ihren Patientinnen zu lösen. Das sollten sie wissen und entsprechende Wege kennen. Dies gehört zu ihrer fachlichen Kompetenz.

Einem ähnlichen logischen Kurzschluß unterliegen diejenigen, die meinen, allein der durch einige Untersuchungsergebnisse nahegelegte Befund, daß Frauen mit vorgängigen sexuellen Gewalterfahrungen häufig in der Therapie erneut mißbraucht werden, diskriminiere die betroffenen Frauen. Diese Aussage setzt entweder voraus, sexuelle Gewalterfahrungen seien diskriminierend, oder geht selbst von dem Schuldvorwurf aus, aufgrund ihrer Vorerfahrung seien die Frauen dann an der Wiederholung durch den Therapeuten schuld. Wieder werden zwei voneinander unabhängige Ebenen vermischt. Die Frage, ob und warum diese Frauen öfter in der Therapie mißbraucht werden, ist logisch unabhängig von der Frage der Verantwortung oder gar Schuld für das Geschehen. Im Gegenteil: In beiden Fällen, der Frage nach den potentiellen früheren Traumatisierungen von Opfern wie von Tätern, geht es darum, die Zusammenhänge besser zu verstehen um daraus präventive Möglichkeit abzuleiten, und zwar zum Schutze der Patientinnen und Patienten.

2.1 „Anything goes" als Lösung des Problems? „Grenzüberschreitende Psychotherapie" und „Liebestherapien"

Wir wissen, daß es in Psychotherapien bisweilen zu einer sexuellen Beziehung zwischen Patientin und Therapeut kommt. Ist es nicht besser, „Toleranz" zu üben, die Realität solch ungewöhnlicher „Liebesbeziehungen" zu akzeptieren und nach Möglichkeit alles zu vermeiden, was zu ihrer Diskriminierung beitragen könnte? Ist die postmoderne Regel des „anything goes" nicht vielleicht die angemessene Haltung? Lassen sich erotische Beziehungen möglicherweise sogar als therapeutischer Wirkfaktor einsetzen?

Diese Fragen muß sich eine um Erklärungen bemühte Psychotherapieforschung natürlich stellen. Denn es ist ja alles andere als naheliegend, daß eine sexuelle Beziehung zwischen erwachsenen Partnern, sofern sie ohne Gewalt zustande kommt, nun ausgerechnet „traumatische" Folgen haben soll, wie die empirischen Studien leider belegen. Welche genauen Umstände und Wirkfaktoren rufen eigentlich das Trauma hervor?

In der vergleichsweise kurzen Geschichte der Psychotherapie haben sich nur wenige Therapeuten offen zu sexuellen Beziehungen mit Patientinnen und Patienten bekannt. Ein frühes Beispiel ist der US-amerikanische „Liebestherapeut" McCartney. In einer Arbeit aus dem Jahre 1966 berichtet er von zahlreichen erfolgreichen Psychotherapien, die er u.a. durch sein persönliches, erotisches und sexuelles Engagement zu einem positiven Abschluß gebracht haben will. Die eigenkatamnestischen Angaben dieses Autors geben jedoch zu skeptischen Fragen vielfältigen Anlaß, allein schon im Bereich der Quantitäten. Kritiker haben berechnet, daß McCartney nach seinen eigenen Angaben 40 Jahre lang jeden Tag nahezu 150 Fälle „behandelt" haben muß (Pope & Bouhoutsos, 1992). Leider teilt dieser Psychotherapeut nur seine eigenen Angaben vom Therapieverlauf mit. Es liegen keine unabhängigen katamnestischen Angaben seitens der zahlreichen Patientinnen vor. Als Datenquelle für die Erfolgsbeurteilung aber alleine den Therapeuten zu akzeptieren, ist in der Psychotherapieforschung seit langem obsolet. Strupp und Hadley (1977), bekannte Psychotherapie-Forscher, haben eine Art von „Drei-Parteien-Modell" (tripartite model) vorgeschlagen – drei Parteien, die sich an der Erfolgsbeurteilung beteiligen können. Die erste Partei, deren Aussage berücksichtigt werden muß, sind die Patienten. Wenn sie sich nach der Psychotherapie wohler fühlen als zuvor, ist eines der drei Teilziele erreicht. Die zweite Partei bildet die soziale Umwelt, die ja nun mit der psychotherapeutisch veränderten Persönlichkeit konfrontiert ist und ihrerseits möglicherweise andere Erfolgsmaßstäbe anwendet als die Patienten selbst. So kommt es nicht selten vor, daß Patienten hernach weit weniger umgänglich oder „pflegeleicht" erscheinen als zuvor und sich besser durchsetzen können. Für Partner, Familienangehörige, Freunde und Arbeitgeber kann das eine Enttäuschung sein. Die Psychotherapie wird im Zweifelsfall auf seiten der Patienten stehen. Eine dritte Dimension der Erfolgsbeurteilung stellen Expertenurteile und objektive Daten dar, wie Ergebnisse von Testverfahren, Reduktion der Eingangssymptome und die Frage eventueller Symptomverschiebungen, Zahl von Arztbesuchen oder Krankenhausaufenthalten usf. Alle drei Kriteriengruppen können in einem gewissen Ausmaß unabhängig voneinander variieren. Ihre verschiedenen Kombinationsmöglichkeiten lassen verschiedene Interpretationen dessen zu, was wir oft sehr pauschal als „Erfolg" oder „Mißerfolg" einer Psychotherapie ausgeben. Allerdings sollten Informationen aus den drei Datenquellen zumindest verfügbar sein. Es reicht nicht aus, wenn allein der Therapeut mit dem „Erfolg" seiner Therapien zufrieden ist. Wird uns als Lesern einer Untersuchung nur das „Expertenurteil" des Therapeuten mitgeteilt, so reagieren wir befremdet über die doch etwas einseitige Kriterienbildung.

Die gleichen methodischen Vorbehalte sind gegenüber der sog. „grenzüberschreitenden Psychotherapie" des Züricher Psychotherapeuten Pintér am Platz (1994). Er berichtet von zahlreichen gelungenen Therapien unter Einsatz seines „erotischen Potentials". Die Effekte beurteilt er differentiell, entsprechend seiner fachmännischen Einschätzung als Therapeut. Manche Patientinnen hätten sich recht gut entwickkelt, andere hätten aus sich nicht das gemacht, was ihnen die Therapie eigentlich ermöglicht hätte. Auf die Idee, seine ehemaligen Patientinnen katamnestisch zu befragen, scheint auch dieser Forscher nicht gekommen zu sein. In der Presse ist hingegen von der – allerdings unerbetenen – „Forschungsbeteiligung" einer früheren Patientin von Pintér berichtet worden. Diese hatte ihre Therapieerfahrung gegenüber der Züricher Staatsanwaltschaft so eindrucksvoll geschildert, daß der Pionier der „grenzüberschreitenden Psychotherapie" in Untersuchungshaft genommen wurde (Süddeutsche Zeitung v. 22.4.95). Wahrscheinlich würden sich interessante weitere Perspektiven ergeben, noch weitere Patientinnen zu katamnestischen Äußerungen bereit wären.

Leider scheint auch sonst das Methodenbewußtsein von Pionieren auf dem Gebiet erotischer Psychotherapien nicht sehr ausgeprägt zu sein. Weder McCartney noch Pintér schildern ihr konkretes therapeutisches Vorgehen hinreichend genau, um einige Fragen beantworten zu können, die für die Einschätzung des Verfahrens allerdings wesentlich wären, wie etwa die folgende: Werden die Patientinnen und Patienten vor Beginn der Therapie über das Verfahren aufgeklärt, also darüber, daß der Therapeut grundsätzlich sexuelle Beziehungen als Bestandteil der Therapie betrachtet? Dies müßte natürlich in eindeutigen Worten und Begriffen geschehen und nicht oder zumindest nicht nur in blumigen Verkleidungen wie „Einbringen des persönlichen erotischen Potentials" des Therapeuten „zur Gestaltung der therapeutischen Nähe" usf. Würde z.B. vor Therapiebeginn die schriftliche Zustimmung der Patientin zu dieser eindeutig beschriebenen Therapieform eingeholt, so würde hier zumindest mit „offenen Karten" gespielt. In unseren Untersuchungen zum sexuellen Mißbrauch in der Psychotherapie ist uns diese Offenheit allerdings noch nicht begegnet. Betrug und Irreführung der ahnungslosen Patientin scheinen im Gegenteil fester Bestandteil nicht nur der unterschiedlichen Scripts und Szenarios der grenzlabilen Psychotherapeuten, sondern auch ihrer Libidostruktur zu sein. Pinter und McCartney erwähnen die Frage, ob die Patientin informiert wurde, gar nicht erst. Gehen wir aber einmal hypothetisch von der Annahme aus, die Patientin habe vor Therapiebeginn der möglichen sexuellen Beziehung mit dem Therapeuten zugestimmt (wobei sie allerdings auf die „Risiken" und den experimentellen Charakter dieser unüblichen „Therapiemethode" ausführlich hätte hingewiesen werden müssen): Können wir dann noch von „Mißbrauch" sprechen, von sexuellen Übergriffen in der Psychotherapie usf., wenn es zur sexuellen Beziehung kommt?

Unsere Antwort ist: Von sexuellem Mißbrauch kann unter dieser Voraussetzung tatsächlich nicht mehr die Rede sein. Fraglich ist nur, ob es sich noch um „Psychotherapie" handelt. Hier haben die Vertreter grenzüberschreitender Liebestherapien dann allerdings eine Beweispflicht. Sie müßten in Studien, die den Standards der Psychotherapieforschung entsprechen, nachweisen, daß ihr Verfahren unschädlich und darüber hinaus im Sinne umschriebener erwünschter Therapieziele wirksam ist, und zwar nach Kriterien, die alle drei Parteien, Patienten, Experten sowie das soziale Umfeld berücksichtigen. Sollte ein solcher Nachweis erbracht werden, so wären Bedenken gegen die Anerkennung der „grenzüberschreitenden Psychotherapie" nur mehr mit Argumenten zur Sexualmoral zu begründen, nicht länger jedoch wissenschaftlich-therapeutisch.

Von einem wissenschaftlichen Psychotherapieverständnis sind McCartney und Pintér allerdings weit entfernt. Im Gegensatz zu den zahlreichen Therapeuten, die ihr Geschäft nur im Verborgenen betreiben, kann man ihnen zugute halten, daß sie sich zumindest offen zu ihrer Neigung bekennen. Das Ziel von Psychotherapie und zugleich ihre u.E. wichtigste Wirksamkeitsbedingung besteht in der Klärung doppelbödiger Argumentation und zwischenmenschlicher Verhältnisse. Dazu sollte auch die Selbstverständigung in der psychotherapeutischen Gemeinschaft dienen. Pintér und McCartney haben mit ihrem Bekenntnis zur Sexualität in der Psychotherapie insoweit klare Verhältnisse geschaffen. Dem müssen allerdings weitere Schritte folgen wie rechtzeitige Patientenaufklärung und Evaluierung dieser Therapieform. Ohne Evaluation sollte die Bezeichnung „Psychotherapie" für „Liebestherapien" nicht mehr verwendet werden (dürfen), da sonst die Patienten und Leser hintergangen werden. Dann ist es ehrlicher, etwa von „Service" oder „Begegnung" zu sprechen wie in anderen gesellschaftlichen Angeboten auch, in denen für Geld sexuelle Beziehungen ausgetauscht werden. Wenn „Therapeuten" gegen Bezahlung Frauen Sex anbieten und dies offen, ohne mystifizierende Verkleidung tun, so dürften sie damit ebenso viel oder wenig Schaden anrichten wie andere vergleichbare Angebote käuflicher Liebe auch. Offeriert jedoch unter dem Etikett „Psychotherapie", müssen wir bei den „Liebestherapien" mit jenen Folgeschäden rechnen, die sich in der Untersuchung zum professionalen Mißbrauchstrauma bisher gezeigt haben.

3. Das professionale Mißbrauchstrauma

Zur Beschreibung von Lebensereignissen, die das Ausmaß solcher traumatischer, seelisch verletzender Effekte erreichen, haben Fischer und Riedesser (in press) ein Verlaufsmodell der psychischen Traumatisierung vorgeschlagen, das seelische Verletzungen über drei Phasen hinweg verfolgt: die Phase der traumatischen Situation, der traumatischen Reaktion und des traumatischen Prozesses, also der Langzeitwirkungen einer traumatischen Erfahrung. Die Psychopathologie hat bislang kaum angemessene Modelle für die Auswirkung traumatischer Erfahrungen entwickelt. Die üblichen Klassifikationssysteme nach Symptomen, Syndromen und nosologischen Einheiten werden der Verlaufsgestalt traumatischer Erfahrungen nicht gerecht. Eine Beschreibung auf der Symptomebene ist natürlich für sich genommen aussagekräftig, läßt aber kaum Rückschlüsse auf die Entstehung der Symptome, die Ätiologie der Störung und die pathogenetischen Wirkmechanismen zu, also auf den Zusammenhang zwischen Erfahrung und Symptombildung. Das Verlaufsmodell von Situation, Reaktion und Prozeß stellt demgegenüber eine Heuristik dar, die darauf abzielt, den Zusammenhang der traumatischen Erfahrung in der Lebensgeschichte näher erfassen und beschreiben zu können.

Wir verstehen das Trauma sexuellen Mißbrauchs in der Psychotherapie als „professional", auf die Berufsrolle und Rollenkonstellation der Psychotherapie bezogen, weil es durch den Mißbrauch bzw. die Pervertierung dieser beruflichen Funktion verursacht wird.

Die traumatische Situation beim professionalen Mißbrauchstrauma (PMT) ist in ihrem Kern durch ein erhebliches Machtgefälle zwischen Therapeut und Patientin gekennzeichnet. Die psychotherapeutische Dienstleistung ist in unserer Gesellschaft dadurch charakterisiert, daß der Therapeut die Verantwortung für den therapeutischen Prozeß übernimmt mit allen dazu notwendigen Schutzfunktionen, daß er die psychische Entwicklung nach fachlichen Regeln fördert und begleitet, ohne eigene Bedürftigkeiten einfließen zu lassen. Nur im Vertrauen darauf, daß diese Bedingungen eingehalten werden, können sich dann die Patienten so weit öffnen und anvertrauen, wie es für eine gelingende Behandlung unabdingbar ist. Wenn nun der Therapeut aus dieser beruflichen Rolle heraustritt und über eine persönliche, intime Beziehung seinerseits als bedürftig in Erscheinung tritt, so hat diese Rollenumkehr Auswirkungen für die Patientin und ihre Rollendefinition im therapeutischen Geschehen. Wenn von der therapeutischen Funktion in die Rolle des bedürftigen (Sexual-)Partners gewechselt wird, werden die vertrauensvolle Offenheit und Abhängigkeit der Patientin für egoistische Ziele mißbraucht und die Therapie zerstört. Kern dieser traumatischen Erfahrung sind der Vertrauensbruch und die Ausnutzung von Macht, die aus dem vorgeblich „selbstlosen" Therapieverhältnis resultiert, zu egoistischen Zwecken. Wir werden im folgenden die spezifischen situativen und Beziehungskonstellationen herausarbeiten, die die traumatische Situation beim PMT charakterisieren und ihrerseits die traumatische Reaktion und den traumatischen Prozeß bestimmen.

Diese Definition des PMT impliziert, daß selbstverständlich nicht nur Psychotherapeuten mit anerkannter Ausbildung das Trauma auslösen können, sondern unabhängig von ihrem jeweiligen Grundberuf und ihrer Therapieausbildung alle Menschen, die anbieten, fachkundig seelisches Leiden lindern zu können. Dazu zählen Psychologen und Ärzte ebenso wie Pädagogen, Seelsorger, Sozialarbeiter Heilpraktiker, Psychosekten etc., insofern sie beruflich in diesem Sinne tätig werden.

3.1 Psychodynamik der mißbrauchenden Beziehung und Traumaverlauf

In der überwiegenden Mehrzahl, nach den Ergebnissen der Freiburger Studie in 78 % der Fälle, ging die Initiative zum sexuellen Kontakt vom Therapeuten aus (Becker-Fischer & Fischer, 1995, S. 43). Dabei handelte es sich in der Regel nicht um einen plötzlichen unvermittelten Überfall, sondern der sexuelle Kontakt wurde mit subtilen Mitteln vorbereitet. Narzißtische Formen des Mißbrauchs sind fast immer die Vorläufer (vgl. Heyne, 1991, 1994, 1995; Hirsch, 1993; Reimer, 1990).

Sicher gibt es auch Fälle, in denen die sexuellen Aktivitäten von den Patientinnen ausgingen oder provoziert wurden. Von den 58 Probandinnen unserer Untersuchung, die diese Frage beantwortet haben, gab allerdings nur eine an, sie habe die Inititative ergriffen. Die übrigen 12 Frauen, bei denen nicht eindeutig der Behandler initiativ wurde, gaben gegenseitige Prozesse an. Auch nach den Befunden der internationalen Forschung sind klare sexuelle Initiativen von Patientinnen als Auslöser des Mißbrauchs ausgesprochen selten (vgl. Rutter, 1991; Marmor, 1972; Simon, 1989; Heyne, 1991, 1994, 1995). Wenn Patientinnen aktiv werden, sind häufig Abläufe zu beobachten, die dem von Ferenczi (1933) für Inzest beschriebenen Muster folgen. Die Frauen nähern sich dem Therapeuten mit dem kindlichen Wunsch nach Halt, körperlicher Nähe und Zärtlichkeit. Diese Annäherung wird jedoch von dem Therapeuten als erotische mißverstanden und beantwortet.

Becker-Fischer (1995) hat an anderer Stelle typische Aspekte der Beziehungsentwicklung im Vorfeld des sexuellen Übergriffs beschrieben. Die der therapeutischen Beziehung grundsätzlich immanente Abhängigkeit und die für Anfangsphasen charakteristische Idealisierung des Therapeuten wird zunächst von ihm massiv forciert. Einerseits wird die Patientin in untherapeutischer persönlicher Weise aufgewertet, andererseits wird ihr indirekt vermittelt, daß sie ohne die Hilfe ihres Therapeuten nicht lebensfähig sei. Der Therapeut hilft ihr oft ganz konkret und lebenspraktisch. Er gibt ihr durch kleine Hinweise zu verstehen, daß sie für ihn eine besondere Bedeutung hat. Er bietet ihr an, immer für sie da zu sein, stellt sich dar als derjenige, der alles versteht und immer hilft. Gleichzeitig wird mit Bemerkungen wie „der ist doch nicht der Richtige für Sie" darauf hingewirkt die Patientin aus ihrem sozialen Umfeld zu isolieren. Der Therapeut nimmt die Idealisierung an und macht sich quasi zum „Alleinherrscher", zum „Retter", zu „Gott".[3]

Kleine Grenzüberschreitungen, die sich in dieser Zeit schon angedeutet hatten, werden sukzessive erweitert. Nicht nur werden Stunden überzogen, Honorare gesenkt, oder es wird gar kostenlos behandelt, auch private Treffen etwa in Restaurants finden statt. Langsam entwickelt sich eine Beziehung, die in der Literatur als „Rollentausch" beschrieben wird (vgl. Pope & Bouhoutsos, 1992). Der Therapeut weiht die Patientin in seine persönlichen Probleme ein. Sie wird zu seiner Vertrauten, die mit ihm seine Sorgen und Nöte teilt. Die Patientinnen spüren die große Bedürftigkeit des Therapeuten, fühlen sich besonders geehrt, sein Vertrauen zu genießen, und gehen auf seine Wünsche ein. Gleichzeitig wird die Beziehung durch verbale Äußerungen des Therapeuten (z. B. detaillierte Berichte aus seinem Sexualleben oder Bemerkungen, daß ja alle Patientinnen „so scharf darauf seien", mit ihm zu schlafen) zunehmend sexualisiert. Viele Frauen spüren die drängende narzißtische Bedürftigkeit, die sich hinter der Sexualisierung verbirgt. Um sowohl seine Wünsche zu befriedigen und sich zugleich seine „besondere" Zuwendung zu sichern, geben sie ihrem Therapeuten dann das Gefühl, in ihn verliebt zu sein, selbst wenn sie es gar nicht sind. Besonders bei Frauen, die in der Kindheit bereits mißbraucht wurden, wird das Schema „ich bin nur liebenswert, wenn ich mich auf der sexuellen Ebene anbiete" wiederbelebt.

Bewußt genießen die meisten Patientinnen diese pseudoharmonische Verliebtheit. Warnzeichen, die fast alle direkt oder über Träume wahrgenommen haben, werden verleugnet und als „eigenes Problem" umgedeutet. Mit solchen Umdeutungen reagieren auch die Therapeuten, wenn die Patientinnen ihr Unbehagen zu artikulieren wagen. So werden Kritik und Ärger gern als Abwehr „eigentlicher Liebe" interpretiert und damit Ängste der Patientinnen vor Aggression und Abgrenzung verstärkt. Daß es auf dieser Basis ein leichtes ist, schließlich zur direkten Aktion zu schreiten, ohne inneren oder äußeren Widerstand befürchten zu müssen, liegt auf der Hand.

Durch die forcierten gegenseitigen Idealisierungen bei gleichzeitiger Verarmung der sozialen Beziehungen wird ein besonders intensives Macht- und Abhängigkeitsverhältnis etabliert. Abgesehen von ganz direkten sexuellen Ausbeutungswünschen, scheinen viele Therapeuten, entweder aufgrund einer hochverletzlichen Persönlichkeit oder infolge akuter eigener Belastungen, die mit der Entidealisierung verbundene negative Übertragung, den Haß und die Wut nicht ertragen und folglich nicht bearbeiten zu können. Zum Teil sind sie so sehr in aktuelle persönliche Probleme verstrickt, daß ihre Wünsche nach einer harmonischen, verständnisvollen Beziehung schwer kontrollierbar sind und sie zum Ausagieren mit den Patientinnen drängen. Andere scheinen extrem bedürftig nach Bestätigung als „Retter", „Messias" oder potenter Liebhaber zu sein und zugleich danach, selbst „gerettet" zu werden. Daß Menschen in helfenden Berufen in ihrer Kindheit oft unter mangelnder Liebe gelitten haben und diesen Mangel in altruistischer Abwehr im „Helfersyndrom" zu befriedigen versuchen, ist hinlänglich bekannt (vgl. u.a. Schmidtbauer, 1983; Gabbard & Menninger, 1988). Die vielfältigen Befriedigungen, die die therapeutische Arbeit als solche mit sich bringt, wie Patienten in ihrem Heilungsprozeß zu fördern und zu begleiten, erreichen sie nicht bzw. reichen ihnen nicht aus. Identifiziert mit dem (möglicherweise projizierten) „Liebesmangel" ihrer Patientinnen geben sie ihnen, was sie selbst vermißten und überschreiten dabei den therapeutischen Rahmen. Dieses „Gebenmüssen" können sie allerdings aufgrund ihrer eigenen Defizite auf die Dauer nicht ertragen, ohne selbst etwas zu bekommen. So fordern sie schließlich ihrerseits „Gratifikationen" von den Patientinnen ein (vgl. Smith, 1984).

Narzißtische Probleme mißbrauchender Therapeuten werden in der Literatur immer wieder hervorgehoben (z. B. Heyne, 1994, 1995; Reimer, 1990). Hirsch (1993) gewann den Eindruck, daß von einigen dieser Therapeuten bereits Abstinenzforderung selbst als eine narzißtische Kränkung erlebt wird. Zudem werde die Kränkung des Alterns, mit dem Gefühl, von einer jungen Patientin begehrt zu werden und durch die sexuelle Verbindung mit ihr abgewehrt (vgl. u.a. Rutter, 1991; Dujovne, 1983; Hirsch, 1993). Andere scheinen sich narzißtischen Ausgleich für Inkompetenz- und Ohnmachtsgefühle durch Demonstration ihrer sexuellen (Omni-)Potenz zu verschaffen.

Wir gewannen den Eindruck, daß den Verwicklungen der Therapeuten, bei denen nicht primär mangelnde Ausbildung oder aktuelle Belastungssituationen zu narzißtisch-sexuellem Mißbrauch der Patientinnen führen, gravierende Persönlichkeitsstörungen vorliegen. Diese Störungen scheinen in vielen Fällen auf unaufgearbeiteten traumatischen Kindheitserfahrungen zu beruhen (vgl. dazu z.B. Pope & Feldmann-Summers, 1992).

Um Mißverständnissen vorzubeugen: Damit soll, kann und darf den Therapeuten selbstverständlich keineswegs die Verantwortung für ihr Tun abgesprochen werden. Als Fachleute müssen sie sich mit ihren Schwierigkeiten auseinandersetzen und die Grenzen therapeutischen Handelns sowohl kennen als auch einhalten (s. Kap. 6.). Insbesondere aus präventiven Gründen halten wir es jedoch für wichtig, die spezifischen Konfliktkonfigurationen dieser mißbräuchlichen therapeutischen Beziehungen näher zu beleuchten. Vieles spricht dafür, daß bei bestimmten Therapeuten in der Begegnung mit schwer traumatisierten, etwa sexuell ausgebeuteten Patientinnen eigene frühere Traumata reaktiviert werden. Aufgrund der unbewußten Identifikation mit dem Trauma der Patientin ist der Therapeut weder in der Lage, dieses als ihr Problem zu erkennen, noch es zu bearbeiten. Therapeuten, die früher von ihren Müttern subtil mißbraucht wurden, können Verführungsversuche ihrer Patientinnen wie eine Reinszenierung des kindlichen Traumas erleben. Frühe diffuse und schwer kontrollierbare Erregungszustände werden wiederbelebt und so überwältigend, daß sie ohne Umweg in Handeln umschlagen. Bei weniger brüchiger Kontrolle mögen vornehmlich massive Rettungsphantasien als Abwehrmaßnahmen eingesetzt werden (vgl. Rutter, 1991; Smith 1984). Es entsteht ein drängender Wunsch, ihr das zu geben, was er sich selbst wünschte. Die oben beschriebene innige, verständnisvolle Verbundenheit und der Drang, die Bedürftigkeiten des Therapeuten zu stillen, die so viele Patientinnen beschreiben, mögen u.a. in ihrem seismographischen Gespür für ähnliche Verletzungen ihre Wurzeln haben.

Smith (1984) beschreibt die damit verbundene gemeinsame unbearbeitete Wunschvorstellung mit dem Begriff der „golden phantasy". Er meint damit die Vorstellung eines Zustands von absoluter Versorgung und Geborgenheit. Traumatheoretisch würde man vielleicht eher von dem Wunsch nach einem Menschen sprechen, der vor den Verletzungen schützt, nach einer Welt, in der „so etwas" nicht passieren kann, oder dem Wunsch danach, die traumatische Erfahrung ungeschehen zu machen, in einen prätraumatischen Zustand zurückkehren zu können. Da jedoch einerseits das Trauma in der ausagierten Pseudoharmonie nicht rückgängig gemacht werden kann und andererseits der Therapeut sich in sehr einseitiger Rolle als der „nur Gebende" erlebt, der „nichts bekommt", werden in ihm Haß- und Destruktionsimpulse, verbunden mit Wünschen nach Gratifikation immer drängender. Die Gefahr, daß das Trauma mit all den dazu gehörigen Gefühlen von Ohnmacht und Hilflosigkeit wiederbelebt wird, muß zu verstärkten Abwehrmaßnahmen führen.

Daß männliche Therapeuten aus Abwehrgründen vornehmlich auf die Übernahme der Täterposition zurückgreifen, ist sicher eine Folge gesellschaftlicher Rollenstereotype. Bekanntlich begegnen Männer generell Ängsten und Unterlegenheitsgefühlen Frauen gegenüber oft mit „sexuellen Bemächtigungen" dieser Art. In der Identifikation mit dem Täter werden gleichzeitig Haß-, Wut- und Rachegelüste gegenüber den früheren Tätern und Wünsche nach Verschmelzung, prätraumtischem Urvertrauen befriedigt. D. h., der Therapeut verführt die Patientin zunächst zur gemeinsamen Traumaabwehr. Er ist der mächtige, omnipotente Retter, der die Patientin, indem er sie zu seiner „Geliebten" macht, zugleich schützt und an seiner „Göttlichkeit" teilhaben läßt. Er „rettet" sie in die Illusion einer Welt, in der es keine Verletzungen geben kann, in der die Patientin sowohl sicher als auch „etwa ganz Besonderes" und überaus wertvoll ist. Schließlich benutzt er die Patientin im sexuellen Übergriff durch Retraumatisierung zur Verstärkung seiner eigenen Traumaabwehr bei gleichzeitiger Befriedigung verschiedenster, in der Begegnung mit der Patientin reaktivierter Triebimpulse. Diese Kompromißbildung zwischen der Befriedigung traumatisch bedingter Sehnsüchte, sexueller Erregung sowie destruktiver Kräfte und Abwehr des Traumas ist dann für den Therapeuten sehr befriedigend. Sie kommt vielen unterschiedlichen Strebungen entgegen. Daraus, daß das Trauma jedoch unaufgearbeitet bleibt, resultiert dann der fast suchtartig anmutende Wiederholungszwang der Routinetäter. Gleichzeitig erklärt die Verbundenheit durch einen gemeinsamen traumatischen Hintergrund und dessen Abwehr in der „golden phantasy" die für Außenstehende, Berater und Folgetherapeuten oft schwer verständliche intensive Bindung und Fixierung der Betroffenen an den traumatisierenden Therapeuten.

Zwar scheint diese Konstellation eine der häufigsten zu sein, dennoch gibt es selbstverständlich zahlreiche Varianten. Wir haben in unserer Untersuchung aus den Interviews und ausführlichen schriftlichen Berichten unserer Untersuchungsteilnehmerinnen vier Scripts herausdestillieren können: „golden phantasy", der „distanzierte Gott", der „hilflose Messias" und des „Gurus Sextherapie" (Becker-Fischer & Fischer, 1995, S. 45 ff.).

Hinsichtlich der unbewußten Motivation habituell mißbrauchender Therapeuten unterscheiden wir unter psychodynamischen Gesichtspunkten zwischen dem Wunscherfüllungstypus und dem Rachetypus. Beide sind sozusagen die Kehrseite derselben Medaille. Bewußte und handlungsbestimmende Motivationen des einen sind beim anderen unbewußt und umgekehrt. Beim Rachetypus steht die Motivation, sich an den Patientinnen zu rächen im Vordergrund und leitet sein Handeln. Es ist zu vermuten, daß dieser Therapeutentypus potentielle traumatische Enttäuschungen aus der Kindheit im sexuellen Übergriff reinszeniert und an die Patientinnen weitergibt. Er wehrt das Trauma primär in Identifikation mit dem Täter ab und schützt sich damit vor der Erinnerung an die unerträgliche Hilflosigkeit und Ohnmacht der früheren traumatischen Situation. Er wünscht sich, selbst so mächtig wie der Täter zu sein, in der Hoffnung, dann hätte die Tat nicht geschehen, er nie in eine so verletzende Lage geraten können. In Rollenumkehr befriedigt er schließlich seinen Haß und seine Rachegelüste, die dem ursprünglichen Traumatisierer gelten, an den Patientinnen. Ihn beherrscht die Wunschphantasie des Allmächtigen, der sich allein helfen und nie in eine verletzende Lage geraten kann. Daher baut er auch nicht so intensive Beziehungen zu seinen Patientinnen auf (i.S. der „golden phantasy"), sondern wechselt seine Opfer häufiger und mißbraucht eher mehrere Patientinnen innerhalb desselben Zeitraums. Allerdings ist seine Abhängigkeit von ihnen mindestens so groß wie die des Wunscherfüllungstypus, denn er benötigt dringend mindestens *ein* Opfer um seine äußerst fragile und gefährdete Abwehr aufrecht zu erhalten. Zudem ist die Gefahr, daß eines seiner Opfer das Schweigen bricht oder ein anderes trifft, bei ihm erheblich größer, weil er sie nicht so intensiv psychisch an sich gebunden hat wie der Wunscherfüllungstypus. Dieser hingegen verfolgt – vermutlich auf ähnlichen lebensgeschichtlichen Hintergründen – eine Rettungsphantasie und -strategie. Traumatheoretisch betrachtet, herrschen bei ihm Verleugnung und Ungeschehenmachen des Traumas vor. Gemeinsam versetzt er sich mit seiner Patientin in die Illusion eines prätraumatischen Zustands, in eine „heile Welt". Er verwickelt die Patientin in eine exklusive Zweiersituation und teilt mit ihr über kurz oder lang die Phantasie, daß sie mit ihm an den einzig richtigen Therapeuten geraten sind und nur er sie retten kann. Als einzige, von diesem idealen Therapeuten Auserwählte ist sie in der Beziehung mit ihm allem Irdischem enthoben. Für seine exklusive Hilfe sucht der Wunscherfüllungstypus dann allerdings eine Gegengabe, indem er allmählich selber in die Rolle des Patienten, des verletzten, hilfsbedürftigen Teiles gerät und die Patientin zu seiner Helferin macht. So wird die Patientin zu einem einzigartigen Rettungsengel des Therapeuten aufgewertet, und in dieser Situation ist dann die sexuelle „Hilfeleistung" gewissermaßen inbegriffen. Er braucht demnach die Patientin als einen Menschen, der ihn vor der traumatischen Situation hätte schützen können. Im Unterschied zum Rachetypus sucht er Rettung nicht in der Illusion, sich selbst retten zu können, indem er mächtig wie der Täter wird, sondern er hofft auf andere. Da es die jedoch nie gab und gerade die Patientin diese Funktion nicht erfüllen kann, geschweige denn es ihre Aufgabe wäre, stößt die illusionäre Hoffnung zunehmend an ihre Grenzen, und die abgewehrten traumatischen Erfahrungen treten mit den ihnen inhärenten destruktiven Kräften im sexuell-narzißtischen Mißbrauch in Erscheinung: Der Therapeut zerstört die Therapie, schädigt die Patientin und mit allem letztlich auch sich selbst. Er ist, in seinem Wunsch gerettet zu werden, zwar abhängig von der jeweiligen Patientin, die er in die „golden phantasy" verwickelt hat, letztendlich allerdings über längere Zeit sicherer als der Rachetypus, da er die Patientinnen intensiver an sich gebunden hat und diese in der Regel erheblich länger brauchen, bevor sie sich des Mißbrauchs überhaupt bewußt werden.

Der Wunscherfüllungstypus bevorzugt die Scriptfolgen „hilfloser Messias" und „golden phantasy", der Rachetypus dagegen die Scripts „distanzierter Gott" und „Sextherapie".

Wunscherfüllungstypus	Rachetypus
Der hilflose Messias	Der distanzierte Gott
Golden Phantasy	Des Gurus Sextherapie

Beim Rachetypus mit dem Script „Sextherapie" kommt die Rachemotivation oft schon in den Sexualpraktiken zum Ausdruck: Therapeuten dieses Typus finden ihre Befriedigung nur bei z. T. recht obskur anmutenden Praktiken, die den Gestus von Herrschaft, Überlegenheit auf seiten des Therapeuten, von Unterwürfigkeit und Dienstleistung der Patientinnen symbolisieren. Das Script des „distanzierten Gottes" auf der Grundlage der Rachemotivation sieht, kurz skizziert, etwa folgendermaßen aus. In den Anfangsszenarien der Therapie hält der Therapeut sich extrem distanziert und gebunden an die Regeln seines jeweiligen Therapieverfahrens. Aus dieser Distanz und kühlen Überlegenheit kommt es dann wie aus heiterem Himmel zum sexuellen Übergriff. Der Rachetypus bevorzugt ganz allgemein eine Überrumpelungstaktik. Er wird vor allem dann aktiv, wenn er Distanzierungs- und Verselbständigungsbestrebungen seiner Patientinnen spürt.

Ganz anders ist die Atmosphäre beim Wunscherfüllungstypus. Hier bekommt die Patientin selbst das Gefühl eigener Wichtigkeit und Einzigartigkeit vermittelt. Sie ist die einzige, die dem „hilflosen Messias" helfen und ihn davor bewahren kann, daß er in seiner verkannten Größe zahlreiche Demütigungen erfährt. Sie ist die einzige, die ihrem Therapeuten seine einzigartige Hilfeleistung zurückzahlen kann. Fragen wir nach Gemeinsamkeiten in der Dramaturgie, im Script des sexuellen Mißbrauchs, so ist beim Wunscherfüllungstypus mit den beiden Scripts, „golden phantasy" und „hilfloser Messias", jeweils die Rollenumkehr charakteristisch (Pope & Bouhoutsos, 1992). Es kommt zu einer Vertauschung von Klienten- und Therapeutenrolle. Der Therapeut beginnt mehr und mehr über sein eigenes Leben zu sprechen und der Patientin Einblick in seine Probleme zu gewähren, so lange, bis sie selbst in die Therapeutenrolle gerät. Die Patientinnen erleben dies als persönliche Aufwertung und Erfüllung eigener Wünsche, sind sie doch von ihrer weiblichen

Geschlechtsrollensozialisation her gewöhnt, dadurch, daß sie sich auf andere einstellen und eigene Bedürfnisse vernachlässigen, Anerkennung zu finden. Das zentrale dramaturgische Element beim Wunscherfüllungstypus ist somit die Umkehr der therapeutischen Rollenverteilung.

Die Scripts „Sextherapie" und „distanzierter Gott", die für den Rachetypus charakteristisch sind, weisen ebenfalls in sich gegensätzliche dramaturgische Elemente auf. Im Script „Sextherapie" werden erst gar keine professionellen Grenzen gesetzt. Relativ rasch und unumwunden wird die Legitimationsstrategie „Sex als Therapie" eingeführt. Sie wird allerdings nicht im Erstgespräch als solche deklariert. Sex wird nicht offen als Therapie dargestellt, sondern zunächst wird eine therapeutische Beziehung aufgebaut. Sie wird allerdings von vornherein auf eine mehr oder weniger private Ebene verlagert. In dieser Atmosphäre von Privatheit erscheint es dann nur natürlich, daß sich die therapeutische Beziehung auf den sexuellen Intimbereich erstreckt. Anders ist das Vorgehen beim Script „distanzierter Gott". Hier werden die Grenzen der therapeutischen Beziehung über längere Zeit oft sogar sehr formell eingehalten. Der „distanzierte Gott" hüllt sich gern in bedeutungsvolles Schweigen und zieht sich emotional in weite Ferne zurück. Die Patientinnen erleiden so eine Art emotionalen Deprivationszustand, in den hinein abrupt der sexuelle Übergriff erfolgt. Dieses Script birgt für die Patientin ein ganz besonderes Verwirrungspotential. Die Rachemotivation des Therapeuten kommt hier vor allem im sadistischen Charakter des Übergriffs und der sexuellen Szenarios zum Ausdruck.

Rache- und Wunscherfüllungstypus bilden das große Kontingent der Wiederholungstäter und dürften unter strukturellen Gesichtspunkten teilweise den schwer Neurotischen und sozial Isolierten, den Soziopathen, Borderline-Persönlichkeiten, multiplen Persönlichkeiten und den Meistern des „doubling" zuzurechnen sein. Sicher sind dies nur einige von vielen dynamischen Möglichkeiten, die bei sexuellem Mißbrauch in der Therapie eine Rolle spielen können. Selbstverständlich müssen nicht immer traumatische Hintergründe bestehen, es gibt zahlreiche andere Konstellationen, in denen schlichte Machtbedürfnisse, sadistische Neigungen u.v.a.m. bei den Therapeuten vorzuliegen scheinen. So wurde z.B. bei den Teilnehmerinnen der Freiburger Untersuchung in auffällig vielen Fällen nicht nur psychische, sondern sogar körperliche Gewalt angewendet (Becker-Fischer & Fischer, 1995). Auch sind nicht nur schwer traumatisierte Patientinnen verführbar, in ihrem Therapeuten eine einzigartige Paradiesfigur zu sehen, von der sie sich in allem verstanden fühlen, besonders aufgewertet werden und real vieles bekommen, was sie brauchen. In Krisensituationen – und in diesen befinden sich Psychotherapiepatientinnen in der Regel – sind sicher die meisten Menschen solchen Verführungen zugänglich. Die narzißtische Verführung mit dem Versprechen, daß eine „golden phantasy" lebbar wäre, läßt wohl jeden belasteten Menschen aufblühen.

Was auch immer die jeweiligen spezifischen psychologischen Hintergründe der Therapeuten sein mögen, in allen Fällen werden im sexuellen Agieren in der Therapie im Gewande von Verständnis, Liebe und Leidenschaft tiefster Haß und Kränkungswut des Therapeuten befriedigt. Die sexuelle Ebene hat dabei eher eine „Mediator"-Funktion. Sie wird zum geschlechtsspezifischen Träger seiner mehr oder weniger bewußten Rachegelüste und Zerstörungsimpulse. Daß die Patientin dabei gerade nicht als Besondere, d.h. in ihrer Besonderheit wahrgenommen werden kann und schon gar nicht behandelt wird, wird den Frauen meist erst viel später bewußt. Sie sind in diesem Szenario für den Therapeuten tatsächlich nur Objekt, nicht nur seiner sexuellen Begierde, sondern darüber hinaus seiner tiefen Zerstörungslust. Gleichzeitig zerstören die Täter sich damit allerdings auch selbst. Mit dem sexuellen Übergriff zerstören sie die Therapie mit der Betroffenen, sich als Therapeuten, und sie gefährden ihre Zukunft.

Diese destruktive Dimension durchdringt, zum Teil von Beginn an, zum Teil erst in ihrem Verlauf, immer deutlicher die Beziehung zwischen Patientin und Therapeut. Spätestens das Ende, egal, durch wen es herbeigeführt wurde, ist qual- und grauenvoll. Letztlich kulminiert die inhärente Zerstörungskraft in den schwerwiegenden Schädigungen der Patientinnen. Sie dringt in die familiären oder partnerschaftlichen Bindungen der Frauen ein. Nicht zuletzt die Kinder leiden unter den Veränderungen der Mutter und den dramatischen Auseinandersetzungen der Eltern (s. Kap. 4). Die angepriesene Liebestherapie (vgl. Pintér, 1995), die als tiefstes Verständnis und innigste Freundschaft angeboten wird, entlarvt sich als ihr krasses Gegenteil. Daß von zahlreichen Therapeuten die sexuelle Beziehung als therapeutisches Mittel zur Behandlung bestehender sexueller Schwierigkeiten ausgegeben wurde, erweist sich als reiner Zynismus: Sexuelle Lust zu empfinden war nach diesen Erfahrungen nur noch wenigen Frauen möglich.

3.2 Folgeschäden für die Patientin

Die Schädigungen, die durch sexuelle Übergriffe in der Psychotherapie hervorgerufen werden, haben ihren Hintergrund u.a. darin, daß die abgespaltene „Schattenseite" des Therapeuten aufgrund spezifischer Mechanismen der Traumaverarbeitung von den Patientinnen übernommen wird. Dieser Mechanismus wurde zuerst von Ferenczi (1933) mit dem Begriff einer „Introjektion" von Problemen des Aggressors beschrieben (dazu u.a. Ehlert & Lorke, 1988). Klarer verständlich wird dieser, auf den ersten Blick recht absurd wirkende Mechanismus im Lichte der Traumatheorie (Fischer & Riedesser, im Druck). Traumatische Gewalterfahrungen führen generell zu einer tiefgreifenden Erschütterung des Selbst- und Weltverständnisses des „Urvertrauens" in die Welt (Janoff-Bulmann, 1992).

So finden wir auch bei sexuellen Übergriffen in der Psychotherapie als eine der verbreitetsten Schädigungen tiefes Mißtrauen, sowohl gegenüber anderen Menschen als auch gegenüber den eigenen Wahrnehmungen und Gefühlen. Es ist direkt verständlich als Folge des massiven Vertrauensbruchs, den die Patientinnen erlebt haben. Jede therapeutische Beziehung lebt von der grundlegenden Voraussetzung, daß Patienten darauf vertrauen können und müssen, daß die Grenzen gewahrt bleiben, daß der Therapeut sie schützt und nicht eigennützig agiert. Dieses Grundvertrauen auf eine berufsethisch eindeutige und verläßliche Haltung (schützende Eltern) wird zerstört, wenn der Therapeut eigene Bedürfnisse auf Kosten der Patientin ausagiert. Der gute, verständnisvolle, geliebte Therapeut entpuppt sich plötzlich als sein Gegenteil, als egoistisch, eiskalt, unempathisch, brutal. Die Patientinnen sehen sich mit seiner abgespaltenen Schattenseite konfrontiert. Um diese Erschütterung quasi ungeschehen zu machen, übernehmen sie Einstellungen des Therapeuten und auch solche, die er vermissen läßt. Einer der ersten Versuche, ihr Vertrauen in sich und die Welt zu retten, besteht darin, an der Vorstellung festzuhalten, zwischen ihnen sei es etwas „ganz Besonderes", „wahre Liebe" gewesen. Wenn es doch „wahre Liebe" war, war es kein Vertrauensbruch, kein unmoralisches Verhalten, keine Ausbeutung. Sie wären nicht erniedrigt und zur Prostituierten degradiert worden. Dann wäre der Therapeut doch ein „guter Mensch", und die Welt wäre wieder in Ordnung. Dies ist einer der Gründe, warum die Patientinnen so lange und verbissen an der „guten" Beziehung zum Therapeuten festhalten.

Die Liebesvorstellung aufrechtzuerhalten ist jedoch schwer, wenn gleichzeitig die Folgeschäden immer schlimmer und die Wut auf den Therapeuten immer schwerer abweisbar wird. Dieser Selbstrettungsversuch kostet nicht nur einen enormen Aufwand an seelischer Kraft, sondern zieht weitere Schädigungen nach sich, die für fast alle Betroffenen zuvor unbekannt waren, nämlich eine tiefgreifende Verwirrung und Orientierungslosigkeit. Dazu typische Zitate aus den Interviews der Freiburger Untersuchung: „Ich wußte nicht mehr, wer ich wirklich bin und ob ich meinen Gefühlen und Wahrnehmungen trauen kann". „Ich konnte nicht mehr recht unterscheiden, was ich gemacht habe und was der Therapeut".

Die Grenzen zwischen Selbst und anderem, Phantasie und Realität werden verwischt. Im Rahmen dieses Selbstrettungsversuchs unterstellen sich die Patientinnen sexuelle Wunschphantasien, die nicht unbedingt ihre gewesen sein müssen. Durch dementsprechende Äußerungen der Erst-Therapeuten werden diese Unterstellungen gefördert und gefestigt. Wenn sie tatsächlich den Therapeuten in dieser Phase sexuell begehrten, dann verschwimmen Traum und Wirklichkeit. Die Patientinnen bekommen Angst zu phantasieren oder können es gar nicht mehr. Träume könnten gleich gefährliche Realität werden, fürchten sie. Schon die leisesten Verliebtheitsgefühle oder gar Verführungswünsche sind mit heftigen Ängsten besetzt und werden als „zerstörerische Kraft" interpretiert. Alles Schmutzige, Zerstörerische und Böse, das der Therapeut ihnen angetan und wie er sie behandelt hat, wird als eigener Anteil erlebt und mit sexuellem Begehren amalgamiert. Weibliche Lust wird zu einem mit Schuld und Scham besetzten „bösen" Selbstanteil. Nicht nur die Unterscheidung zwischen Selbst und anderen, auch die zwischen Liebe und Haß ist verwirrt.

Besonders leiden die Betroffenen unter dem Fehlen von Verantwortungs- und Schuldbewußtsein der Therapeuten, unter der Uneinsichtigkeit in den destruktiven Charakter ihres Tuns und dem Desinteresse an den schädigenden Auswirkungen an ihnen als Person. Zumeist sind die Therapeuten nicht einmal zu einem klärenden Gespräch bereit („Das ist jetzt dein Problem, damit fertig zu werden"). So dringend die Frauen die Anerkenntnis der Verantwortung oder eine gemeinsame Auseinandersetzung über das, was geschehen ist, brauchten, um wieder Vertrauen in sich selbst und die Welt entwickeln zu können, so sicher bleibt diese im Regelfall aus. Auch bei Freunden und Familienangehörigen finden sie nur selten Verständnis. Daß zudem bislang gesetzliche Normen fehlen, die das Ausnützen einer therapeutischen Abhängigkeitsbeziehung für strafwürdig erklären, vertieft die Verzweiflung der Betroffenen. Sie fühlen sich immer wieder bestärkt in dem Gefühl, daß ihnen zwar eine schwere Verletzung zugefügt worden ist, diese jedoch gesellschaftlich als solche weder erkannt noch anerkannt wird. So greifen sie zu einem weiteren verzweifelten Selbstheilungsversuch und nehmen auf sich, was von dem Therapeuten zu erwarten wäre, was dieser zu tragen hätte. Jetzt leiden sie unter Schuld- und Schamgefühlen, klagen sich an, provozierend gewesen zu sein, Grenzen überschritten, sich nicht widersetzt zu haben. Auch in diesen Selbstanklagen werden sie durch die Verwirrtaktiken der Therapeuten zusätzlich bestätigt. „Ich habe mich so erniedrigt, aber das habe ich doch mit mir selbst gemacht, das werfe ich mir vor, also bin ich doch selbst schuld, selbst verantwortlich für das Geschehen". „Ich fühlte mich wie ein Nichts und Niemand, ich hatte fast keine Selbstachtung mehr, verabscheute mich und hatte den Wunsch, mich zu strafen", sind typische Äußerungen von Betroffenen in diesem Zusammenhang. Indem die Opfer die Schuldgefühle und das Verantwortungsbewußtsein übernehmen, das die Therapeuten im Regelfall vermissen lassen, versuchen sie auf Kosten ihrer Gesundheit, das erschütterte Grundvertrauen in eine sichere und kontrollierbare Welt wiederherzustellen, und werden dabei immer kränker.

Die Therapeutenpersönlichkeit und das Mißbrauchsscript, dem der Therapeut folgt, werden ihrerseits Bestandteil der traumatischen Situation, prägen die Reaktionen und stellen zugleich einen speziellen Bedingungsrahmen für die Folgeschäden dar. Am offenkundigsten sind Vertrauensbruch und Ausbeutung der Patientin in den Scripts des Rachetypus. Die Dramaturgie folgt hier der klassischen Verrats- und Ausbeutungsstrategie. Eben durch ihr anfängliches Vertrauen und ihre „Naivität" ist sie jetzt als „die Dumme" definiert. Sie ist auf den „Trick mit der Psychotherapie" gewissermaßen hereingefallen. Sie hat nicht rechtzeitig gemerkt, daß der Therapeut, wie die Täter bisweilen betonen, auch nur ein Mensch oder „ein Mann" ist. Sie ist verraten, in die Falle gegangen und erleidet so, oft sogar ihrer eigenen Auffassung nach, jenes Schicksal, das sie in ihrer Gutgläubigkeit und Naivität verdient, wenn nicht gar provoziert hat. Die Opfer des Rachetypus werden in ihrer Fähigkeit, sich auf soziale Absprachen und Regeln vertrauensvoll verlassen zu können, zutiefst erschüttert.

Unsere sozialkognitiven Annahmen über die soziale Welt, die Regeln, wann wer wem in welcher Angelegenheit vertrauen kann, sind in einer hierarchischen Struktur organisiert (Janoff-Bulman, 1992). Wir gehen davon aus, daß wir uns in diesem oder jenem Punkt, der für die Organisation unseres sozialen Erlebens nicht so entscheidend ist, irren können. Wir behalten aber gleichzeitig unseren Optimismus auf den höheren Ebenen unserer Überzeugungshierarchien bei, nämlich die Annahme, daß wir zumindest im Prinzip in der Lage sind, zwischen freundlichen und feindlichen Situationen zu unterscheiden, zwischen Situationen, in denen wir uns zu Recht auf unsere Mitmenschen verlassen können und solchen, in denen Vertrauen und Mißtrauen immer wieder gegeneinander abgewogen werden müssen.

Die Erschütterung des Selbst- und Weltverständnisses durch den Rachetypus ist hier fundamental. Es gab ja keine Hinweise darauf, daß Psychotherapie als eine „Beziehungsfalle" verwendet werden könnte. Die Patientinnen hatten sich nicht vorstellen können, daß es Therapeuten gibt, welche die seelische Not der Menschen, die sich in ihre Behandlung begeben, für egoistische Zwecke ausnützen. Diese Tatsache ist ja nicht nur den betroffenen Patientinnen schwer verständlich, sondern auch dem größten Teil des psychotherapeutischen Berufsstands und der Öffentlichkeit. Aus der Situation persönlicher Betroffenheit heraus ist die Erschütterung des Selbst- und Weltverständnisses desto nachhaltiger. Die Patientinnen werden in einen generellen Zweifel an der Zuverlässigkeit sozialer Absprachen gestürzt. Dies ist die Erschütterung des sozialen Weltbildes, die u.a. in den privaten Beziehungen zu Mißtrauen, Rückzug, zu ständiger Unsicherheit darüber führen wird, wem man nun vertrauen kann und wem nicht. Mißtrauischer Rückzug wird so zur Leitsymptomatik des PMT bei den Opfern des Rachetypus.

Bei den Opfern des Wunscherfüllungstypus ist der Mißbrauch, die sexuelle und emotionale Ausbeutung der Patientin vergleichsweise sehr viel besser getarnt. Die Opfer des Wunscherfüllungstypus erfahren zunächst eine massive narzißtische Aufwertung. Als die besondere Patientin, die von dem „göttlichen Therapeuten" begehrt wird, wird sie zur Therapeutin ihres Therapeuten, des „hilflosen Messias" oder des idealistischen selbstlosen Helfers, zu einer Art „Superfrau". Diese Rolle schmeichelt der Eigenliebe und macht, wie alle narzißtische Aufwertung, zugleich blind gegen Mißbrauch und Ausnutzung. Der Therapeut ist selbst bedürftig und mitleiderweckend. Wenn er nun eine sexuelle Beziehung mit seiner Patientin eingeht, so kann dies doch nicht egoistisch und ausbeuterisch sein. Die Patientin hat ja scheinbar die dominierende, in gewisser Hinsicht sogar elterliche Funktion inne. Über dieser Aufwertung übersieht sie leicht die reale Ausnutzung ihrer Fürsorglichkeit. Sie kommt in eine ähnliche Position wie Kinder, oft älteste Töchter in der Familie, die vom Vater sexuell mißbraucht werden. Auch sie werden häufig in die Ersatzrolle für die Mutter manövriert, übernehmen Elternfunktionen gegenüber den Eltern, dem mißbrauchenden Vater, oder auch der depressiven Mutter.

Zu vermuten ist, daß bei der Verwicklung mit dem Wunscherfüllungstypus die negative Seite der Ausbeutung und des Mißbrauchs verborgener bleibt. Die Patientinnen werden so länger und intensiver an den Therapeuten gebunden, verleugnen die negativen Erfahrungen und unstimmige Beobachtungen, die den Therapeuten eventuell als listigen Mißbraucher und Ausbeuter seiner Patientin erscheinen lassen. Die mit solchen unterschwelligen Wahrnehmungen verbundene Wut wenden sie gegen die eigene Person. Die Folgen sind ausgeprägte selbstdestruktive, depressive Erlebniszustände. Tatsächlich hat sich in unserer Untersuchung ein depressives Zustandsbild mit unverständlichen, plötzlich hereinbrechenden depressiven und suizidalen Attacken als Leitsymptomatik bei den Opfern des Wunscherfüllungstypus herausgestellt. Das depressive Erleben nimmt hingegen bei den Opfern des Rachetypus eher die Gefühlsqualität der Verzweiflung an. In beiden Fällen kann es zu suizidalem Verhalten kommen. Bei den Opfern des Wunscherfüllungstypus werden suizidale Attacken und Vorstellungen eher als unverständlich und Ich-fremd erlebt, bei denen des Rachetypus finden sich gehäuft reale suizidale Handlungen und gelungene Suizide.

Tabelle 1 zeigt im folgenden die Symptomatik, wie sie sich in der Gesamtgruppe der PMT-Patientinnen in der Freiburger Untersuchung herausgestellt hat. Wir haben in der Untersuchung die symptomatischen Auswirkungen des Traumas mit offenen Fragen erfaßt. Es geht zunächst um die Auswirkungen des Mißbrauchs, wie sie sich in der Erlebniswelt der Patientinnen darstellt. Eine Untersuchung zu den Folgen dieses Traumas muß natürlich die Tatsache berücksichtigen, daß die Patientinnen bereits mit einer mehr oder weniger starken symptomatischen Belastung in die Psychotherapien gegangen waren. Daher wurden die Auswirkungen mit folgenden Fragen erfaßt:

1. Welche Symptome waren seit dem Vorfall verstärkt (wir haben den sexuellen Übergriff neutral als sexuellen Kontakt bezeichnet, um das Urteil der Patientinnen nicht zu präformieren)?
2. Welche Symptome und Beschwerden waren seit dem Vorfall neu aufgetreten?

	Tabelle 1: Prozentualer Anteil einzelner Beschwerden in der Stichprobe (61 Probanden)			
		Eingangs-Symptome	Symptome verstärkt	Symptome neu
1	Abhängigkeit	1,6		6,3
2	Ambivalenz	1,6	2	2,1
3	Angst	42,6	35,3	29,2
4	Angst, hypochondrische			4,2
5	Angst verrückt zu werden	3,3	5,9	8,3
6	Arbeitsstörungen	11,5	7,8	6,3
7	Beziehungsprobleme	31,1	19,6	10,4
8	Depersonalisierung	1,6		2,1
9	Depressive Symptome	49,2	43,1	22,9
10	Derealisierung		2	2,1
12	Grenzstörungen	1,6	2	4,2
13	Identitätsstörungen	9,8	5,9	2,1
14	Intrusive Phänomene			6,3
15	Isolierung und Einsamkeit	8,2	17,6	10,4
16	Leeregefühle			6,3
17	Mißtrauen	3,3	13,7	16,7
18	Ohnmacht		2	2,1
19	Psychosomatische Beschwerden	32,8	19,6	22,9
20	Psychotische Reaktionen	4,9	3,9	2,1
21	Schlafstörungen	9,8	7,8	16,7
22	Schuldgefühle	3,3	3,9	8,3
23	Selbstverstümmelung	1,6		2,1
24	Selbstzweifel	19,7	19,6	18,8
25	Sexuelle Funktionsstörungen	21,3	17,6	8,3
26	Suchtverhalten	13,1	7,8	8,3
27	Suizidalität	14,8	15,7	16,7
28	Verletzlichkeit	3,3	2	10,4
29	Wut		2	4,2
30	Sonstiges	26,2	7,8	18,8
	Nennungen	193	135	134
	Anzahl Sympt. (Mittelwert)	3,852	2,554	2,579

(Zitiert aus Becker-Fischer und Fischer, 1995)

Bei den Eingangssymptomen liegen 193 Nennungen vor, 135 Symptome haben sich verstärkt, und 134 Symptome sind neu hinzu gekommen. Die Eingangssymptome deuten darauf hin, daß sich die Untersuchungsstichprobe nicht wesentlich von durchschnittlichen Psychotherapiepatientinnen unterscheidet. Verstärkt sind vor allem Ängste, Beziehungsprobleme, depressive Symptome, Gefühle von Isolierung und Einsamkeit, Mißtrauen, psychosomatische Beschwerden, Selbstzweifel, sexuelle Funktionsstörungen und Suizidideen. Während die verstärkten Symptome ein eher unspezifisches Bild des PMT vermuten lassen, dürfte in den neu aufgetretenen Symptomen eher die spezifische Varianz der Beschwerden seinen Ausdruck finden; darunter besonders Mißtrauen und Selbstwertzweifel, Suizidideen und massive Somatisierungsneigungen. Wir können diesen Kern hypothetisch mit dem oben beschriebenen Verlauf des PMT in Verbindung bringen, wie er sich in Reaktion auf die unterschiedlichen Mißbrauchsscripte vom Wunscherfüllungs- und Rachetypus darstellt. Außer den psychosomatischen Beschwerden fallen vor allem Schlafstörungen ins Gewicht.

Die Schuldgefühle folgen dem beschriebenen Mechanismus der Selbstvorwürfe, die sich Opfer machen, die drohende Gefahr nicht rechtzeitig erkannt zu haben und in die Falle gegangen zu sein. Die verstärkten Tendenzen zum Selbstzweifel gehen in dieselbe Richtung. Sexuelle Funktionsstörungen waren mit 21,3 % häufig bereits einer der Gründe für die Aufnahme der Therapie. Sie haben sich mit 17,6 % der Nennungen einmal verstärkt und sind auch mit 8,3 % neu hinzugekommen. Diese Angaben sind geeignet, eine Legitimierungsstrategie sexuell mißbrauchender Therapeuten zu widerlegen, daß nämlich die sexuelle Beziehung zumindest bei vorliegenden Sexualstörungen eine heilsame Funktion ausüben könnte. Suchtverhalten ist ebenfalls verstärkt und dient neben der Abwehr von Schlafstörungen der Abwehr von Zwangsdenken, sich aufdrängenden Bildern vom Ereignis u. ä., die wir mit dem Untersuchungsinstrument der Impact-of-Event-Skala erfaßt haben (s. Tabelle 2).

Besonders beunruhigend ist der Anstieg der Suizidalität in der Stichprobe. Viele der Patientinnen, die zuvor nicht unter Suizidideen litten, werden jetzt von Suizidgedanken gequält oder müssen sogar Suizidimpulse unterdrücken, die sie als Ich-fremd und bedrohlich erleben. Außerdem hat ihre Verletzlichkeit und allgemeine Kränkbarkeit zugenommen, was vermutlich sowohl auf die narzißtische Verführung als auch auf das verletzte Vertrauen in die Therapeuten zurückzuführen ist.

Die Belastungswirkung des sexuellen Mißbrauchs wurde mit der „Ereignis-Belastungsskala" (Impact-of-Event-Scale, IES, Horowitz, Wilner & Avarez, 1979) erfaßt. Die Instruktion lautet anzugeben, wie oft sich die Betroffenen innerhalb der letzten sieben Tage gedanklich mit den Vorfällen beschäftigt haben. Die Skala in der von uns verwandten Form hat zwei Dimensionen: sich aufdrängende Erinnerungen (Intrusion) und Verleugnung (Denial) bzw. Vermeidung. Ein Beispiel für eine intrusive Erinnerung ist folgende Formulierung: „Ich dachte daran, wenn ich nicht daran denken wollte". Ein Item für sich aufdrängende Erinnerungen ist z.B.: „Ich hatte Mühe einzuschlafen oder durchzuschlafen, weil mir Bilder davon oder Gedanken daran durch den Kopf gingen" (zur deutschen Übersetzung der Skala und zu metrischen Problemen vgl. Hütter, 1994, S. 246 ff.).

Tabelle 2: IES-Skala Intusion		SÜPP-Pbn.	Folter-opfer	Med.-Stud.
NIES1	daran (unwillk.) denken müssen	3,23	4,36	0,5
NIES4	Schlafstörungen	2,74	4,21	0
NIES5	starke Gemütsbewegungen desw.	3,74	4,14	0,3
NIES6	Träume davon	1,72	3,93	0
NIES10	Aufdrängen von Bildern	3,3	4,36	0,9
NIES11	bei allen Geleg. daran denken	2,8	3,57	0,6
NIES15	jeder Gedanken bringt Gefühlsregung	3,69	3,93	0,2
	Intrusion-Gesamtskala	21,14	28,5	2,5

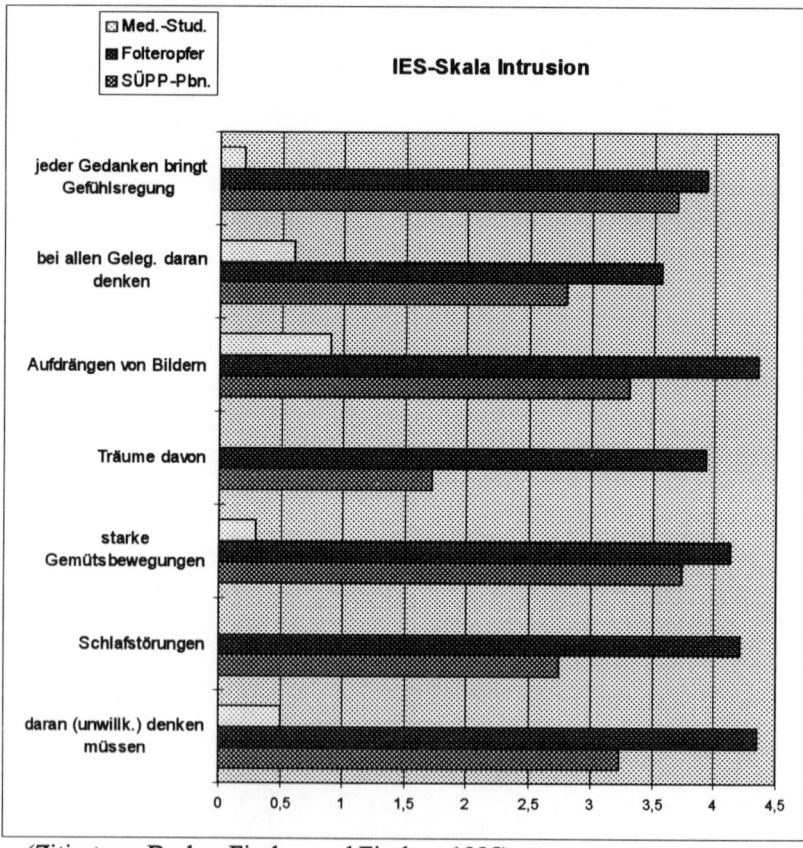

(Zitiert aus Becker-Fischer und Fischer, 1995)

Tabelle 3: IES-Skala Vermeidung		SÜPP-Pbn.	Folteropfer	Med.-Stud.
NIES2	unterdrücke Aufregung	2,64	2,43	0,6
NIES3	versuche aus Erinnerung zu löschen	2,04	3,38	0,1
NIES7	allem fernbleiben, was daran erinn.	1,71	2,15	0
NIES8	Leugnung, Gefühl der Unwirklichkeit	1,59	1,69	1,1
NIES9	versuche nicht darüber zu sprechen	2,26	3,15	0,4
NIES12	nicht-kümmern, Leugnen der Gefühle	1,55	0,73	0,5
NIES13	versuche nicht daran zu denken	2,04	3,25	0,2
NIES14	Betäubung der Gefühle	2,09	1,58	1
	Vermeidung - Gesamtskala	15,54	18,67	4,4

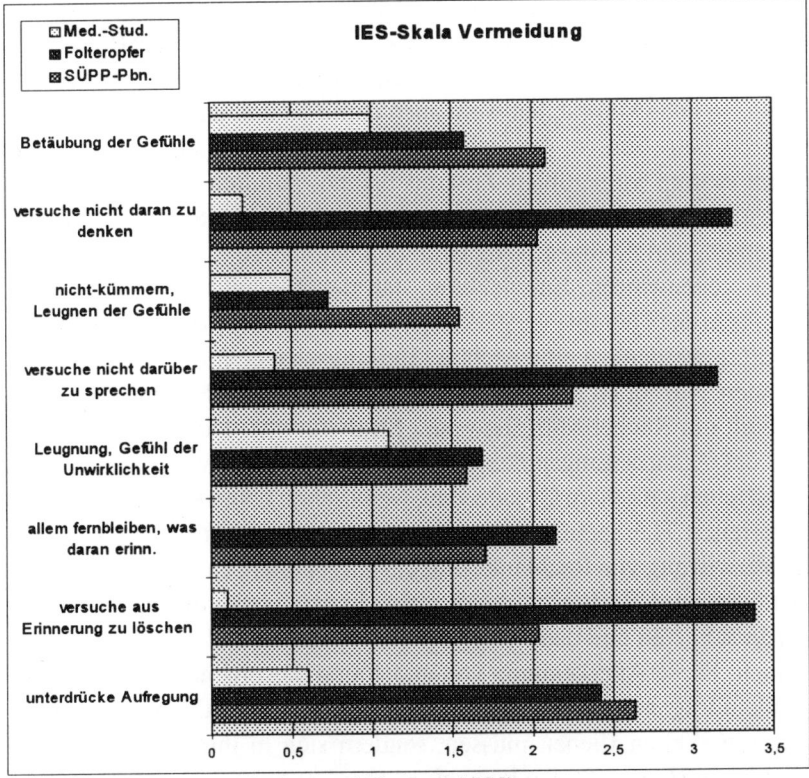

(Zitiert aus Becker-Fischer und Fischer, 1995)

57

Die Tabellen zeigen die Mittelwerte der Probandinnen in ihrer Beziehung zu zwei Vergleichsgruppen: einer Gruppe von Medizinstudenten im Sezierkurs nach der ersten Leichensektion und einer Gruppe von Folteropfern, die im Behandlungszentrum für Folteropfer in Berlin die Belastungswirkung ihres Traumas einschätzten[4]. Die Mittelwerte der drei Vergleichsgruppen zeigen, daß die Belastung der betroffenen Patientinnen noch zum Untersuchungszeitpunkt, oft also Jahre nach dem Übergriff, denen der Folteropfer recht nahe kommt. In den Gesamtskalen „Intrusion" und „Verleugnung" liegen die SÜP-Patientinnen durchschnittlich nur 6 Punkte unter den Folteropfern, jedoch 15 Punkte über den Medizinstudenten. Insbesondere die Intensität der Gefühlsregungen, die bei der Erinnerung an die traumatische Situation der Folterung und des sexuellen Übergriffs entstehen, ist ähnlich.

Diese Ergebnisse vermitteln einen Eindruck davon, wie beunruhigend und erschütternd sich das PMT auswirkt. Die Tatsache, daß die Belastung denen von Menschen, die den grauenvollsten Folterungen ausgesetzt waren, so nahe kommt, hat wohl auch damit zu tun, daß hier ein Personenkreis betroffen ist, der sich zum Zeitpunkt der Traumatisierung in einem extrem vulnerablen Zustand befand, nämlich Psychotherapiepatientinnen, die sich wegen einer bereits vorliegenden Schädigung bzw. Verletzung um therapeutische Hilfe bemüht hatten.

Die gegenwärtige Entwicklung, daß die Thematik sexuellen Mißbrauchs in der Therapie verstärkt diskutiert und zunehmend Maßnahmen getroffen werden, ist eine wichtige Heilungschance für betroffene Patientinnen. Nur selten geht es ihnen, wenn sie rechtliche Schritte erwägen, letztlich um Rachebedürfnisse oder Strafwünsche. Diese mögen während des Aufarbeitungsprozesses eine Rolle spielen. Wichtiger ist den Betroffenen jedoch im Grunde, daß, wenn schon keine Klärung mit dem betroffenen Therapeuten möglich ist, dann zumindest gesellschaftlich die Verwirrung von Recht und Unrecht aufgehoben, Unrecht als solches anerkannt wird. Sie hoffen, damit andere Frauen vor ähnlichen Erfahrungen zu schützen und dadurch selbst zur Sicherheit anderer beitragen zu können. Diese Anerkennung von außen und das eigene wirkungsvolle Handeln tragen dazu bei, daß die Opfer nicht in Sucht, Krankheit oder religiöse Welten fliehen müssen, sondern sich in ihrer sozialen Welt wieder „zu Hause" fühlen können.

3.2.1 Folgen verbaler Sexualisierungen

Eine weitere Frage, der wir in der Freiburger Untersuchung nachgegangen sind, bezieht sich auf die Art der sexuellen Kontakte. Hängt die Schwere der Folgen davon ab, ob es zu direktem Geschlechtsverkehr gekommen ist oder „nur" sexualisierte Berührungen i.S. von Petting u.ä. stattgefunden haben oder ob die Sexualisierungen „nur" auf der verbalen Ebene stattfanden?

Im Hinblick darauf, ob es sich bei dem Übergriff um direkten Geschlechtsverkehr oder sexualisierte Berührungen gehandelt hat, ergaben sich weder signifikante Unterschiede im Hinblick auf die Beurteilung des Gesamtzustandes nach dem Ereignis noch im Hinblick auf verstärkte oder neu entstandene Symptome. Ebenso ist die traumatische Belastungswirkung des Ereignisses für beide Gruppen weitestgehend gleich.

Die Folgen bei den sechs Frauen der Stichprobe, die Sexualisierung auf der verbalen Ebene erlebt haben, sind ebenfalls vergleichbar mit denen der SÜP-Gruppe im engeren Sinne. Auch hier unterschied sich die psychische Belastung durch die traumatische Erfahrung beider Gruppen nicht. Bei diesen Angaben muß jedoch berücksichtigt werden, daß statistische Aussagen mit einer so kleinen Vergleichsgruppe nur bedingt möglich sind. Allerdings fand auch Benowitz (1991) zwischen den 14 Frauen, die zu ihren Therapeutinnen direkte sexuelle Kontakte hatten und den sieben, bei denen „Covert Sex" vorlag, keine statistisch relevanten Unterschiede in den Folgeerscheinungen. In den persönlichen Gesprächen mit Patientinnen, die versteckte Sexualisierungen erfahren haben, gewannen wir manchmal den Eindruck, daß die verwirrenden Effekte sogar noch heftiger waren. Insbesondere wenn Sexualisierung der Atmosphäre und strenge Kühle sich abrupt abwechselten oder gar deutlich „anmachende" Äußerungen kurz danach vom Therapeuten verleugnet bzw. als Phantasie der Patientin umgedeutet wurden, reagierten die Patientinnen zutiefst verunsichert und verwirrt. Ihre Realitätswahrnehmung wurde vom therapeutischen „Fachmann" zu einem Produkt ihrer Phantasie erklärt, und das in einer Situation, in der die eigene Wahrnehmung durch keinerlei äußere Realitätsfaktoren bestätigt werden kann. Dies ruft Konfusionen hervor, die zuweilen bis in psychosenahe Zustände führen können.

Die Ergebnisse machen deutlich, daß bereits sogenannte „versteckte Sexualisierungen" psychologisch einen Vertrauensbruch bedeuten, der sich von dem realisierter sexueller Handlungen nur wenig unterscheidet. Schon mit der „Anmache" stellt der Therapeut sich mit seinen persönlichen Wünschen in den Vordergrund, betrachtet die Patientin wie eine Partnerin und verläßt seine berufliche Funktion. Sicher ist ein verbal aufreizendes Verhalten des Therapeuten nicht in der gleichen Weise strafrechtlich justiziabel wie manifeste sexuelle Übergriffe. Hier liegt jedoch ein weites Feld möglicher Kunstfehler, die in den Ethikrichtlinien der Fachgesellschaften berücksichtigt werden sollten, und auf die in den psychotherapeutischen Ausbildungsgängen aufmerksam gemacht werden muß.

In der psychotherapeutischen Praxis muß die Möglichkeit bestehen, über Themen der Sexualität offen zu sprechen. Dies sollte jedoch stets in einfühlsamer und taktvoller Weise geschehen, nicht aber so, daß der Therapeut eigene sexuelle Bedürfnisse oder Phantasien ins Spiel bringt. Gründliche Selbsterfahrung und (kollegiale) Supervision, in der eigene erotische Empfindungen Patientinnen und Patienten gegenüber einbezogen sind, sind Voraussetzung dafür, daß Psychotherapeuten und Psychotherapeutinnen zwischen eigenen Wünschen und denen ihrer Patientinnen und Patienten unterscheiden und den schmalen Grad finden, der die Deutung verdrängter sexueller Wünsche und Phantasien von verbaler Erotisierung trennt. Auch die Patientinnen und Patienten sollten möglicherweise über diesen „feinen Unterschied" genauer aufgeklärt werden als bisher, um sich besser gegen verbalerotische Manipulationsstrategien behaupten und diese Kunstfehler als solche erkennen zu können. Bedenkt man die gravierenden Folgen, wie sie sich in der Freiburger Untersuchung zeigen, so sollten solche Vorfälle vor Ehrengerichten und zumindest auch zivilrechtlich eine nachhaltige Würdigung erfahren.

Daß Ausbeutung und Machtmißbrauch in Therapien sich selbstverständlich nicht nur auf der sexuellen Ebene abspielen, sei an dieser Stelle nur erwähnt. Bereits aus den typischen Beziehungsverläufen und deren Dynamik geht deutlich hervor, daß die sexuelle Ebene nur die „Spitze des Eisbergs" darstellt. Die sexuelle Begegnung basierte zumeist auf einer längeren Phase narzißtischen Mißbrauchs. Daß Formen emotionalen Machtmißbrauchs Patientinnen und Patienten in ähnlicher Weise schädigen wie manifest oder latent sexuelle Formen ist theoretisch selbstverständlich. In derselben Weise werden die Hilfesuchenden unter Ausnutzung der Machtposition zur Befriedigung persönlicher Bedürfnisse der Behandelnden benutzt. Unsere Erfahrungen aus zahlreichen Beratungsgesprächen lassen keinen Zweifel an den schweren Schädigungen, die den Patientinnen und Patienten damit zugefügt werden. Allerdings liegen Ergebnisse wissenschaftlicher Untersuchungen zu diesem Bereich bislang unseres Wissens noch nicht vor. Für psychologische Fachverbände sollte allerdings auch unabhängig davon klar sein, daß diese Formen von Ausnutzung der therapeutischen Beziehung gravierende „Kunstfehler" darstellen, denen in Weiterbildung, Supervision und Ethikrichtlinien – gerade da sie oft sehr subtil und schwer faßbar sind – besondere Aufmerksamkeit gewidmet werden sollte.

4. Was hilft beim PMT?

In diesem Kapitel gehen wir der Frage nach, was Patientinnen hilft, die traumatische Erfahrung eines sexuellen Mißbrauchs in ihrer Therapie zu verarbeiten. Dabei beziehen wir die Aussagen der Untersuchungsteilnehmerinnen der Freiburger Studie ebenso mit ein wie Befunde, die in der Literatur berichtet werden, und eigene Erfahrungen in Beratung und Therapie von Betroffenen.

4.1 Hilfreiche außertherapeutische Erfahrungen

Auf die Frage nach außertherapeutischen Ereignissen und Umständen, die ihnen bei der Bewältigung des Mißbrauchs geholfen hätten, nannten die Befragten der Untersuchung des Instituts für Psychotraumatologie folgende Faktoren (in der Reihenfolge der Häufigkeiten):

„Verständnisvolle Gespräche mit Freunden; Information über die Thematik; Engagement für die Thematik; Versuch einer Eigentherapie; Überlebenswille; Ablenkung; verständnisvolle Gespräche mit dem Partner; Gespräche mit Fachleuten; Techniken der Selbstbesinnung; Ortswechsel; Ausfüllen des Fragebogens SKPP (des Instituts für Psychotraumatologie, ergänzt M. B.-F. und G. F.)."

18 % der Probandinnen hatten sich einer Selbsthilfegruppe angeschlossen, die von über der Hälfte von ihnen als hilfreich erlebt wurde. Dabei stand das Gefühl im Vordergrund, mit dem Problem nicht mehr allein zu sein und darüber sprechen zu können, ohne auf Ablehnung zu stoßen. Möglichkeiten, über die traumatische Erfahrung zu sprechen, Information und Aufklärung, der Schritt, sich im Traumabereich zu engagieren, sind Bewältigungsfaktoren, die in ganz unterschiedlichen Bereichen der speziellen Psychotraumatologie als hilfreich berichtet werden (vgl. Fischer & Riedesser, im Druck). Sie dienen einmal dazu, aus der Isolation herauszutreten, die eine der verbreitetsten Folgen des Mißbrauchstraumas ist. Informationen und Erfahrungsaustausch sind wichtig, um Schuld- und Schamgefühle zunächst einmal zurechtzurükken und möglicherweise zu überwinden. Dazu gehört die Erkenntnis, daß nicht die Patientin die Verantwortung für das Geschehen trägt, sondern

der Therapeut. Weder braucht sie sich zu schämen, weil sich ihr Therapeut verantwortungslos verhalten hat, noch braucht sie sich schuldig zu fühlen. Wenngleich diese Informationen kognitiver Natur sind und die tiefergreifenden Mechanismen der Traumaverarbeitung, die mit für die Schuld- und Schamgefühle verantwortlich sind, noch nicht unbedingt auflösen, so stellen sie für fast alle Betroffenen zunächst ein wichtiges „Zurechtrücken der Weltsicht" dar und wirken entlastend. Ähnlich entlastend erlebten es die meisten, zu erfahren, daß zunächst unverständliche Beschwerden, z. B. Alpträume, Suizidimpulse, regelmäßige Folgen des Traumas sind und keineswegs primär auf eine persönlichen „Psychopathologie" zurückgeführt werden müssen.

In diesem Zusammenhang sind unserer Erfahrung nach Selbsthilfeinitiativen, insbesondere in den Anfangsphasen der Aufarbeitung von großer Hilfe. Für PMT-Patientinnen, die nicht selten ein heftiges Mißtrauen allen im psychosozialen Bereich Tätigen gegenüber entwickelt haben, sind sie besonders wichtig. Zwar ist dieses Mißtrauen auf dem Hintergrund ihrer Ausbeutungserfahrung gut verständlich, es erschwert ihnen jedoch den Zugang zu der, i.a. dringend erforderlichen, Folgetherapie. Vielen fällt es zunächst erheblich leichter, sich mit Menschen auszutauschen, die dieselben Erfahrungen machen mußten.

Selbsthilfeorganisationen zu dieser besonderen Problematik sind in der Bundesrepublik in der Entstehung (Kontaktadresse befindet sich im Anhang). Sie scheinen allerdings zeitweise in Schwierigkeiten zu geraten, wenn die Gruppenmitglieder nicht gleichzeitig in persönlichen Folgetherapien die traumatischen Erfahrungen aufarbeiten, sondern diesen Wunsch an die Gruppe herantragen. Mit der Aufarbeitung des traumatischen Impacts sind solche nicht therapeutisch geleiteten Gruppen leicht überfordert. Wie oben aufgezeigt, sind die traumatischen Belastungen durch den sexuellen Übergriff bereits gravierend. Auf dem Hintergrund der individuellen Lebensgeschichte und früherer Traumatisierungen, die Grund für die therapeutische Erstbehandlung waren, können sie zudem sehr komplexe Gestalt annehmen. Die selbst belasteten Gruppenmitglieder sind kaum in der Lage, diese weitreichenden Probleme aufzufangen.

Die Erfahrungen in den USA sind ähnlich. So ist das wohl größte Netzwerk von über 600 Betroffenen in der Region Boston nicht im Sinne einzelner Selbsthilfegruppen mit therapeutischen Funktionen organisiert, sondern sieht sein Ziel vor allem in gegenseitiger Unterstützung,

Informationsvermittlung und Vernetzung. Regelmäßige Veranstaltungen, zu denen kompetente Fachleute aus dem psychologisch-psychotherapeutischen oder juristischen Bereich Vorträge halten, bieten Betroffenen neben diesen Informationen Gelegenheit, in einem anschließenden Treffen die persönliche Situation zu besprechen. Ehemalige Patientinnen, die das Trauma bereits weitgehend bewältigt haben, stehen als Ansprechpartnerinnen für Fragen zur Verfügung und vermitteln Kontakte in der Region: andere Betroffene, geeignete Folgetherapeutinnen und Folgetherapeuten, erfahrene Rechtsanwältinnen und Rechtsanwälte etc. Gleichzeitig sind diese Vernetzungen – nach den Erfahrungen von Wohlberg, einer der Initiatorinnen der Bostoner Selbsthilfegruppen – ein wichtiges Mittel, um Wiederholungstäter einzukreisen (Wohlberg, 1994, persönliche Mitteilung). In den USA haben sich in den vergangenen Jahren in den meisten Staaten Vernetzungs- und Verbraucherschutzgruppen gebildet, die auch gesundheitspolitisch wichtige Arbeit leisten. Sie klären die Öffentlichkeit durch Informationsschriften, Merkblätter für Patientinnen und Patienten oder Vortragsveranstaltungen auf und bieten Betroffenen Unterstützung an (Schoener et al., 1989).

Ähnliche Funktionen erfüllen eintägige, fachlich geleitete Workshops wie sie Dish seit 1984 anbietet (Dish, 1989). Sie betont, daß solche Workshops klare Strukturen haben müßten, die von allen Teilnehmerinnen strikt einzuhalten sind. Am Vormittag ist Gelegenheit gegeben, sich per Visualisierung an die Erfahrungen mit dem Therapeuten zu erinnern (pro Teilnehmerin eine Viertelstunde). Der Nachmittag ist Überlegungen, was jede in der Zukunft tun könnte und möchte, gewidmet. Dish berichtet: „Zwei Ergebnisse fielen nach jedem Workshop auf: (a) Ein tiefes Gefühl von Erleichterung und Kameradschaft. Sie fühlen sich weniger schamerfüllt, weniger verrückt, weniger stumpf („dumb"). Sie tauschen oft ihre Adressen und Telefonnummern aus. (b) Fast jede geht mit einem klaren Gefühl, was sie als nächstes tun will, selbst wenn der nächste Schritt darin besteht, die Sache zu vergessen und weiterzugehen." (S. 211) Nicht selten konstituieren sich aus diesen Workshops offene Gruppen ohne Leitung durch Fachleute. Sie dienen wie die Selbsthilfegruppen dazu, sich gegenseitig zu unterstützen, die Kontakte aufrechtzuerhalten, neue „Survivors" aufzunehmen sowie Informationen und Ressourcen über die Thematik zu sammeln und zu teilen. Dish hebt ebenfalls hervor, daß die Teilnehmerinnen diese Gruppen nicht als Therapieersatz betrachten, sondern parallel dazu in Folgetherapie sind.

Gespräche mit den Partnern wurden von den Teilnehmerinnen der Freiburger Untersuchung seltener hilfreich empfunden als Gespräche mit guten Freundinnen und Freunden. Partner reagieren aus ihrer eigenen „Mitbetroffenheit" heraus hilflos, eifersüchtig, verletzt und machen den Betroffenen Vorwürfe (zur Reaktion der Partner vgl. Becker-Fischer & Fischer, 1995, S. 104 ff.). Diese Gespräche sollten besser in Gegenwart therapeutisch geschulter neutraler Dritter geführt werden, in denen auch Gelegenheit besteht, die jeweiligen Auswirkungen auf die Partner miteinzubeziehen und aufzuarbeiten.

Soziales Engagement und juristische Schritte gegen den Täter, dienen dem „Empowerment", der Überwindung von Hilflosigkeit und Ohnmachtserfahrungen. Alle Aktivitäten, die dazu beitragen, aus der Ohnmacht des Opfers hinauszutreten, wurden übereinstimmend von den Teilnehmerinnen der Untersuchung als hilfreich erlebt und zwar unabhängig davon, ob es dabei um juristische Schritte im engeren Sinne, Konfrontation des Therapeuten oder Meldung bei Behörden, Kassen etc. ging. Zwar sind diese Schritte immer mit Belastungen und der Gefahr von Retraumatisierung verbunden. Diejenigen jedoch, die im Wissen um dieses Risiko es gewagt haben, sich aktiv gegen das Unrecht, das ihnen angetan wurde, zur Wehr zu setzen, erlebten dies im nachhinein als heilend. Selbst wenn die Resultate ihres Vorgehens nicht optimal waren, bekamen sie doch das Gefühl, nicht in der Ohnmacht der traumatischen Situation zu verharren, sondern handeln zu können. Das stärkte ihr geschädigtes Selbstwertgefühl und ihr Rechtsbewußtsein.

Aktives Engagement für die Thematik hatte ähnliche Auswirkungen und half vielen, auch ungerechte Urteile sowie Empörung und Enttäuschungen über die bislang sehr unzureichenden rechtlichen Möglichkeiten zu überwinden. Sie erfuhren damit, daß es auch andere gibt, mit denen sie sich zusammentun und sich gegenseitig unterstützen können. Erfolgreich für die Aufklärung der Öffentlichkeit wirksam zu sein, kann eine wichtige realitätsgerechte Bestätigung eigener Fähigkeiten und des eigenen Wertes sein, die zur Lösung der inneren Abhängigkeit von der Anerkennung durch den idealisierten Ersttherapeuten beitragen kann. Dadurch machen die Frauen die Erfahrung, daß sie infolge ihrer eigenen Fähigkeiten wichtig und wertvoll sind und unabhängig von der Bestätigung als „besondere Geliebte des Halbgottes in Weiß".

4.1.2 Konfrontationen und Vermittlungsversuche

Mit diesen Konzepten sind Gespräche zwischen Patientin und Ersttherapeut i.a. in Anwesenheit von einer oder besser zwei neutralen Personen, z. B. Folgetherapeut(in) und Kollege(in) gemeint. In der ersten Phase der Therapie/Beratung wird von den Patientinnen zuweilen der Wunsch nach einem Gespräch mit dem Ersttherapeuten geäußert. Schuppli-Delpy und Nicola (1994) empfehlen, die Frage nach einer Konfrontation aktiv zu Beginn einer Folgetherapie mit der Patientin zu besprechen, „um zu dokumentieren, daß der/die Folgetherapeut(in) zu dem Erleben der Patientin steht, ihr Glauben schenkt und nicht bereit ist, im Schweigen mitzumachen" (S. 134).

Bei einigen Patientinnen ist dieser Wunsch geprägt von der intensiven inneren Bindung, die noch zum Ersttherapeuten besteht, und von undeutlichen Hoffnungen, die idealisierte Beziehung wieder aufzunehmen. Solange diese Wünsche dominieren, ist von gemeinsamen Sitzungen abzusehen. Sie sollten mit der Patientin zunächst bearbeitet werden. Grundsätzlich muß erst die Beziehung zum Ersttherapeuten, soweit sie noch – in welcher Form auch immer – gewünscht, besteht oder aufrecht erhalten wird, genau geklärt und analysiert werden.

Sowohl die Patientinnen als auch die Ersttherapeuten neigen oft zu langwierigen Kontakten (fortgesetzte Briefe, Telefonate, auch Treffen – z.T. verfolgender Art). Die Patientinnen sind dabei meist von der diffusen Hoffnung geleitet, „alles möge doch wieder gut werden", es könne sich eine partnerschaftliche Beziehung zwischen ihnen entwickeln, der Therapeut würde sie heiraten, etc. Die Kontaktbedürfnisse sind also weitgehend von dem Wunsch, das Trauma ungeschehen zu machen, geleitet. Unbewußte, unintegrierte Wut- und Racheimpulse kommen zumeist noch hinzu. Zudem ist die Fixierung an die illusionäre narzißtische Aufwertung heftig und nur langsam durch den Aufbau realitätsgerechter Bestätigungen zu lösen. Die Patientinnen trauen sich i.a. nicht zu, durch ihre eigenen Fähigkeiten und eigenes Handeln hinreichend Anerkennung zu finden. Sie können sich nicht vorstellen, außerhalb der „golden phantasy" wertvoll zu sein. Die Ersttherapeuten, die zuweilen ihrerseits die Patientinnen bedrängen, ihnen sogar auflauern oder sie zu Hause besuchen, sind daran interessiert, die Patientin gebunden zu halten, deklarieren ihnen ihre Liebe, wieviel sie ihnen bedeute, nicht ohne den

Hintergedanken, auf diese Weise das Schweigen der Patientin zu sichern und potentiellen Schritten der Patientin gegen sie vorzubeugen.

Anders ist es, wenn der Wunsch nach einem gemeinsamen Gespräch zur Klärung von Verwicklungen mit dem Ersttherapeuten dienen soll. Schoener und Milgrom (1989) nennen in ihrem Modell der „Processing-Sessions" folgende Motive als Voraussetzung:

1. Nach einer Ausbeutungserfahrung ein gewisses Maß an Kontrolle zurückzuerlangen.
2. Beschwerden über die Therapie oder das Verhalten des Therapeuten zu durchdenken.
3. Zu erfahren, welche Erklärungen der Therapeut für sein Verhalten anbietet.
4. Die Entwicklung der romantischen oder sexuellen Beziehung in der Therapie zu verstehen.
5. Dem Therapeuten in Gegenwart von anderen eine Rückmeldung über die Auswirkungen seines Verhaltens zu geben, um zu versuchen, daß er sich dafür verantwortlich zeigt.

(Schoener, 1989, S. 349; Übers. d. Verf.).

Ziel dieser Sitzungen ist es, der Patientin zu einem besseren Verständnis der Situation und ihrer Gefühle zu verhelfen. Entscheidende Voraussetzungen für diese Gespräche sind:

1. daß die Entscheidung dafür eindeutig von der Patientin ausgeht,
2. daß die Patientin wirklich stabil genug für diese Konfrontation ist,
3. daß die Patientin keine unrealistischen Hoffnungen damit verbindet.

Während „Processing-Sessions" primär auf ein besseres Verständnis des Geschehens abzielen, dient „Mediation" der Einigung über Schadenswiedergutmachung durch den Ersttherapeuten oder freiwillige Rehabilitation, wenn die Patientin (noch) keine formalen Schritte unternehmen will.

Unserer Erfahrung nach wünschen sich zwar viele Patientinnen ein klärendes Gespräch mit dem Ersttherapeuten, insbesondere, daß er die Verantwortung für das Geschehen übernimmt, sich entschuldigt und anerkennt, welches Leid er ihr zugefügt hat. Eine Gefahr dieser Gespräche besteht allerdings darin, daß die Patientin dabei allzu abrupt mit der Realität konfrontiert wird, daß der Therapeut tatsächlich nie sie als eigene Person wahrgenommen hat, sondern allein als Objekt seiner narzißtisch-sexuellen Bedürfnisse. Ohne eine stabile Beziehung zum Folgetherapeuten, die diese Enttäuschung und Verzweiflung auffangen kann, besteht die Gefahr, daß die Patientin in suizidale Krisen gerät. Allerdings sind die Ersttherapeuten zu solchen gemeinsamen Gesprächen nur selten bereit. Viele leugnen den Vorfall und verlegen ihn in die Phantasie der Patientinnen (s. Kap. 5.2.1). Wenn überhaupt, kommen Gespräche in der Regel nur unter dem Druck drohender Sanktionen gerichtlicher Verfahren etc. zustande und auch nur dann, wenn die Beweislage relativ eindeutig ist. In Anbetracht der lückenhaften strafrechtlichen und ehrengerichtlichen Situation fehlt in Deutschland selbst bei klaren Beweisen der offenbar unabdingliche äußere Druck. Diese Situation ist in den USA, aufgrund der verbraucherorientierten Lizenzbehörden und strafrechtlich klaren Lage, in den meisten Staaten anders. Infolge der intensivierten Aktivitäten der Berufs- und Therapieverbände, der sich häufenden Prozesse und der öffentlichen Diskussion über die Notwendigkeit einer Strafrechtsreform sind in jüngster Zeit jedoch auch in Deutschland öfter außergerichtliche Einigungen, z. B. Wiedergutmachungsmaßnahmen, erzielt worden.

4.2 Ein zweiter Versuch mit Psychotherapie? – Besonderheiten der Folgetherapien

Grundsätzlich konfrontieren Folgebehandlungen nach sexuellem Mißbrauch in einer früheren Therapie den Behandler mit einigen besonderen Problemen. Diese ergeben sich aus der realitätsgerechten Empörung über mißbrauchende Berufskollegen, dem kollegialen Verhältnis zum Ersttherapeuten, der persönlichen Lebensgeschichte des Folgetherapeuten, aus der Natur der Symptome beim Professionalen Mißbrauchstrauma und aus typischen Übertragungskonstellationen, welche die Betroffenen in die Folgetherapie einbringen.

4.2.1 „Kollegialität“ als Schwierigkeit bei der therapeutischen Arbeit

Durch den Umstand, daß der Mißbrauchende ein Berufskollege ist, sind Folgetherapeuten in ihrer Identifikation als Psychotherapeuten immer auch persönlich involviert. Das kann zu unterschiedlichen Reaktionen führen, die Folgetherapeuten bei sich möglichst genau beobachten sollten, um zu verhindern, daß sie unerkannt den Therapieverlauf beeinträchtigen. Typische Eigenübertragungsgefühle sind zunächst heftiger Ärger auf den Ersttherapeuten, der die Integrität und Ideale des eigenen Berufsstandes so grundlegend in Frage stellt, und Empörung darüber, daß er einen leidenden Menschen, dem zu helfen seine Aufgabe gewesen wäre, zusätzlich noch schwer geschädigt hat. Eine zweite, gegensätzliche Reaktion besteht im Mitgefühl mit dem bedauernswerten Kollegen, der, vielleich aus einer Krise heraus, sich in „diese schlimme Lage gebracht hat" oder im Ärger über die „schwierige" Patientin, die ihn „derartig provoziert" habe (hierzu auch Sonne & Pope, 1991; Ulanov, 1979; Scholich, 1992).

Diese beiden typischen Gefühle dem Kollegen gegenüber, Ärger vs. Mitgefühl, führen zu unterschiedlichen Verhaltensweisen oder Eigenübertragungsreaktionen auf die Patientinnen und ihr Leiden.

Aus Ärger und Wut auf den Ersttherapeuten kann es leicht geschehen, daß die noch bestehende, oft sehr intensive Bindung der Patientin an den Ersttherapeuten übersehen oder in ihrer gefühlsmäßigen Bedeutung unterschätzt wird. Das bemerken die Patientinnen in der Regel und wagen nicht, das ohnehin schuld- und schambesetze Thema anzuschneiden. Eine der zentralen Aufgaben der Folgetherapie, die Aufarbeitung und Lösung der zumeist sehr tiefgehenden Bindung an den Ersttherapeuten, kann dadurch be- oder gar verhindert werden.

Viele Folgetherapeuten leiden unter ihrer Verschwiegenheitspflicht, da sie es unerträglich und unverantwortlich finden, daß dieser „Kollege" unbehelligt weiterpraktiziert und vermutlich weitere Patientinnen mißbraucht. Aus dieser hilflosen Situation ist die Gefahr groß, die Patientin quasi stellvertretend – im Hinblick auf ihre innere Entwicklung jedoch vorzeitig – zu ehrengerichtlichen oder rechtlichen Schritten zu drängen. Dieses Drängen dient dann eher der Entlastung des Folgetherapeuten von seiner eigenen hilflosen Wut und Empörung als den Bedürfnissen der Patientin zu diesem Zeitpunkt. Wir stimmen mit Schuppli-Delpy und Nicola darin überein, daß es für Folgetherapeuten sehr wichtig und entlastend ist, eigene Wege zu finden, gegen potentiell mißbrauchende „Kollegen" vorzugehen, z.B. durch Engagement für adäquate ehrengerichtliche Vorschriften oder Diskussionen im Kollegenkreis, Ausbildungsinstitut etc. „Eine erste Minimalforderung ist: Das Problem muß thematisiert werden. Neben der notwendigen Information sind Konzepte zu entwickeln, wie Fachgruppen den Mißbrauch prophylaktisch angehen können (Infomation/Besprechung des Themas in der Aus- und Fortbildung). Dazu wäre es wünschenswert, ethische Kommissionen zu gründen, die auch öffentlich vorgestellt werden und an die sich betroffene Patientinnen zur Beratung wenden könnten. Unter Wahrung des ärztlichen Geheimnisses sollte die ärztliche Kommission die Möglichkeit haben, die Täter vorzuladen und diese auch von ihrem Beruf zu suspendieren." (Nicola, 1991, S. 176/177)

Mitgefühl gegenüber dem Ersttherapeuten andererseits kann zu einer unbewußten Identifikation mit dem Täter führen. Eine übergreifende Strategie der „kollegen"-identifizierten Position besteht darin, dem Opfer die Schuld zuzuschreiben. Dies kann sich z.B. in Mitleid mit dem im Grunde gutmütigen Kollegen äußern, der den Verführungskünsten der Patientin erlag oder der seiner „Gegenübertragung" leider „nicht gewachsen" war. Um ihre „kognitive Dissonanz" zu reduzieren, können Folgetherapeuten dann leicht die Schwere der entstandenen Schäden unterschätzen. Von dieser psychotraumatologischen Abwehrstrategie wird verständlicherweise vor allem von den Folgetherapeuten intensiv Gebrauch gemacht, die ihrerseits schon sexuelle Beziehungen zu Patientinnen hatten (Holroyd & Bouhoutsos, 1985; Herman et al., 1987). Eine weitere unbewußte Strategie besteht darin, dem Bericht der Patientin keinen Glauben zu schenken, insbesondere wenn es sich beim Ersttherapeuten um einen angesehenen und anerkannten Kollegen handelt. Das ist bekanntlich nicht selten der Fall (Sonne & Pope, 1991). Auch wenn der Ersttherapeut persönlich bekannt oder mit dem Folgetherapeuten gar befreundet ist, liegt es nahe, die Patientin für unglaubwürdig zu erklären und die Gründe in ihrer Persönlichkeit und/oder in Merkmalen ihrer Berichte zu suchen (und zu finden).

Tatsächlich sind die Geschehnisse in diesem Bereich oft ausgesprochen bizarr und skurril, so daß sie auf den ersten Blick eher unwahrscheinlich wirken. So berichtet Pope von einem Therapeuten, der seine Patientin dazu aufforderte, unbekleidet in Lotusstellung Kopfstand zu machen (Bajt & Pope, 1989). Ein Therapeut unserer Untersuchungsstichprobe hatte einen Nachttopf ins Therapiezimmer gestellt, nachdem seine Patientin in der Stunde zuvor von einer analerotischen Filmszene berichtet hatte. Außerdem fuhr er regelmäßig vor das Haus der Patientin und hupte vor ihrem Schlafzimmer. Diese bizarren Verhaltensweisen des Therapeuten wurden von einer kollegialen „Kommission" als Hinweis auf eine „paranoide" Erkrankung der Patientin gewertet, ohne ihr Gelegenheit zu geben, die Geschehnisse persönlich der Kommission darzulegen. Bizarr und kaum einfühlbar ist auch das Verfahren vieler Therapeuten vom Rachetypus, die sexuelle Kontakte mit den Patientinnen minutengenau auf die Therapiezeiten beschränken und sie entweder der Krankenkasse, der Patientin persönlich oder deren Ehemann in Rechnung stellen. In solchen Fällen liegt es nahe, dem bizarren Bericht der Patientinnen keinen Glauben zu schenken, nach einer Erklärung in ihrem Seelenhaushalt und insbesondere ihrer Phantasietätigkeit zu suchen. Um die entstandene Dissonanz aufzulösen, wird dann umgekehrt z.B. das pünktliche Einhalten der Stunde als Beleg für die Zuverlässigkeit des Ersttherapeuten gewertet.

Wie weit das Bedürfnis nach dissonanzfreier Informationslage gehen kann, zeigt sich daran, daß vor psychotherapeutischen Fachkommissionen die Patientin oft entweder gar nicht erst gehört wird oder daß eindeutige Beweismittel nicht zur Kenntnis genommen werden. So verfügte eine ehemalige Patientin über die Tonbandaufzeichnung eines Gesprächs mit dem mißbrauchenden Therapeuten, worin dieser in eindeutiger Weise über den Mißbrauch sprach. Dieses Gespräch nahm das Ehrengericht einer der großen deutschen psychoanalytischen Vereinigungen erst gar nicht zur Kenntnis mit der Begründung, daß Tonbandaufzeichnungen „vor Gericht" nicht als Beweismittel anerkannt seien. Aus Gründen „kollegialer Dissonanzreduktion" wurde hier der Sinn von Ehrengerichtsverfahren geradezu auf den Kopf gestellt. Ein Ehrengericht hat die Funktion, Beweismittel auf einem eher alltagspraktischen Niveau zu würdigen, insbesondere in Fällen, in denen „Zeugen" naturgemäß nicht zugegen sind. Es ist nicht zu jener Strenge verpflichtet, die das Strafrecht als Schutz gegen professionelle Beweisfälscher aufgebaut hat.

Grundsätzlich stimmen alle Forscher und Therapeuten, die sich in die Thematik eingearbeitet haben, darin überein, daß keinesfalls aus einer etwaigen Skurrilität von Erfahrungsberichten Betroffener auf deren Unglaubwürdigkeit geschlossen werden darf (nach dem Motto: „So etwas Verrücktes kann der Kollege doch gar nicht gemacht haben!"). Sehr viele, wenn nicht gar die meisten Skurrilitäten haben sich bei späteren Überprüfungen als Wahrheiten erwiesen, die allerdings zuweilen unwahrscheinlicher waren als Phantasiegeschichten (vgl. Sonne & Pope, 1991; Becker-Fischer & Fischer, 1995). Apfel und Simon konstatieren: „Geschichten über bizarre Sexualpraktiken mit dem Ersttherapeuten, bestätigen im allgemeinen eher den Bericht, als daß sie seine

Glaubwürdigkeit mindern." (Apfel & Simon, 1985, S. 64). Auch die von uns ermittelten „Scripts", die Drehbücher, denen der Mißbrauch oft folgt, der „Messias", „distanzierter Gott", weisen einen bizarren Charakter auf (vgl. Kap. 3 und Becker-Fischer & Fischer, 1995). Die Übereinstimmung mit einem Script erhöht die Glaubwürdigkeit des einzelnen Berichtes.

Die kollegenidentifizierte Einstellung geht meist mit dem Wunsch einher, das eigene berufliche Ansehen zu bewahren als eines Berufs, der seelisch leidenden Menschen hilft. Diese Einstellung ähnelt der von Inzestfamilien, die ebenfalls ihr Ansehen nicht in Frage gestellt wissen wollen und daher einen mächtigen Mantel des Schweigens um sich hüllen. Gallagher (1990) bezeichnet diese Haltung psychotherapeutischer Kreise als „professional conspiracy of silence". Die Resultate gleichen ebenfalls denen bei Kindesmißbrauch: Die Verantwortlichkeiten werden verwischt, dem Täter wird ermöglicht, weiter zu mißbrauchen, das Geschehen wird gerechtfertigt, verdeckt, verleugnet und heruntergespielt (vgl. dazu auch Pope, 1990).

Aber auch realitätsgerechte Ängste vor den Ersttherapeuten dürfen nicht unterschätzt werden. Sowohl die Patientinnen haben – nicht selten mit Recht – Angst vor potentiellen Racheaktionen ihrer Ersttherapeuten, unter denen Verleumdungsklagen, einstweilige Verfügungen mit der Drohung von Schadensersatzzahlungen, wenn sie anderen gegenüber über den Mißbrauch in der Therapie sprechen, zwar sehr verbreitet, aber noch die harmlosesten sind. Die Versuche, die Patientinnen unter Druck zu setzen, können bis zu Erpressungen, Selbstmord- und Morddrohungen gehen. Diese Ängste der Patientinnen sind in der Gegenübertragung spürbar, und sie können sich verbinden mit durchaus realitätsgerechten eigenen Ängsten der Folgetherapeuten vor Konsequenzen, die auf sie zukämen, wenn sie in ihren Therapieverbänden verantwortlich aktiv würden oder wenn Tätertherapeuten aus der eigenen Gesellschaft nur ahnen, daß ihre Grenzüberschreitungen dem behandelnden Kollegen bekanntgeworden sind. Gerade an psychotherapeutischen Instituten, in denen lange Mißbrauchstraditionen bestehen und die wichtigen Positionen von Mißbrauchern besetzt sind, müssen Mitglieder, die um diese Mißstände wissen und sie aufzudecken versuchen, mit empfindlichen Reaktionen rechnen. So wissen wir von verschiedenen Kolleginnen und Kollegen, die von dem Therapieverband ausgegrenzt und in ihrer weiteren beruflichen Laufbahn behindert worden sind.

4.2.2 Schwierigkeiten aufgrund der Lebensgeschichte des Folgetherapeuten

Eigene traumatische Erfahrungen in der Lebensgeschichte der Therapeuten können die Eigenübertragungsgefühle traumatisierten Patienten gegenüber auf unterschiedliche Weise beeinflussen. Nur die wenigsten Therapieverfahren sehen bislang eine gründliche Aufarbeitung der Traumata zukünftiger Therapeuten in ihren Ausbildungstherapien vor. In humanistischen Verfahren wurde solches „Wühlen in der Vergangenheit" gegenüber dem „Hier und Jetzt" lange Zeit tabuisiert. Die Verhaltenstherapie setzt auf die Bewältigung aktueller Problemsituationen den entscheidenden Akzent. Selbst die Psychoanalyse, deren Anspruch für die Lehranalyse dies einmal gewesen sein mag, bietet hier zumindest kein einheitliches Bild. Einige psychoanalytische Richtungen fühlen sich einem „universalistischen" Ätiologiemodell verpflichtet, das psychogene Störungen aus pathogenen Phantasien ableitet, bei Melanie Klein und ihren Nachfolgern überwiegend aus dem ersten Lebensjahr. Trotz extremer Dauer von Analysen, die nach einem solchen Konzept geführt werden, regt dieses nicht unbedingt zur Bearbeitung realer traumatischer Erfahrungen der Lebensgeschichte an. Dabei hätten die Psychotherapeuten als Berufsstand allen Grund und haben meist auch selbst den Wunsch, sich mit ihrer persönlichen „trauma history" auseinanderzusetzen.

In einer Befragung von 250 männlichen und 250 weiblichen Psychotherapeuten, die Pope und Feldman-Summers (1992) in den USA durchführten, berichteten 26,3 % der Therapeuten und 39,2 % der Therapeutinnen von sexuellem oder physischem Mißbrauch in Kindheit und Adoleszenz. Zusätzlich haben im Erwachsenenalter 13,9 % der männlichen und 56,9 % der weiblichen Therapeuten sexuelle Traumatisierung oder Gewalttraumata erlitten. Auf dem Hintergrund dieser Vorerfahrung beurteilten nahezu alle Untersuchungsteilnehmer ihre Therapieausbildung als völlig unzureichend in der Bearbeitung von und im Umgang mit Mißbrauchserfahrungen und Traumatisierung überhaupt. Vergleichswerte für den deutschen Sprachraum liegen uns zwar noch nicht vor, es gibt jedoch keinen Grund zur Annahme, daß bei uns die Verhältnisse günstiger wären.[5] Einiges spricht sogar für die Hypothese, daß manche Konzepte und Praktiken der psychotherapeutischen Ausbildung eher psychotraumatologischen Abwehrstrategien entsprechen. Von daher ist anzunehmen, daß sich auch in den Ausbildungsgängen Traumata und insbesondere sexuellen Traumen reproduzieren. So berichten Pope et al. (1979), daß 17 % der weiblichen und 3 % der männlichen klinischen Psychologen in einer Befragung sexuelle Kontakte mit mindestens einem ihrer psychotherapeutischen Ausbilder angaben.

Unaufgearbeitete eigene Traumata verleiten Folgetherapeuten entweder zu distanzierenden Abwehrstrategien oder zur Überidentifikation mit Betroffenen. Eine dritte Möglichkeit ist die Wiederholung von sexuellem Mißbrauch mit den eigenen Patientinnen oder Ausbildungskandidatinnen.

Unter den Abwehrstrategien vom distanzierenden Typus finden sich Verleugnung oder Bagatellisierung des Traumas, Unfähigkeit, der Traumaschilderung empathisch zu folgen, voreiliger Einsatz therapeutischer „Techniken", um eine, wenn auch nur vorübergehende, Identifizierung mit der Ohnmacht und Hilflosigkeit der Traumatisierten zu vermeiden. In der Überidentifikation mit der Patientin als Opfer traumatischer Erfahrungen geht gewöhnlich die Fähigkeit verloren, zwischen eigenen und fremden Erfahrungen zu unterscheiden. Dieser Verlust an Dezentrierungsfähigkeit bewirkt, daß die Patientin sich nicht in ihrem eigenen Erleben verstanden fühlen kann. Scholich (1992) bemerkte diese Neigung insbesondere bei Frauen. Therapeutinnen, die Inzestopfer behandelten, tendieren seiner Meinung nach eher zur „Überidentifizierung mit dem Opfer", die damit einherginge „die Wut auf den sexuellen Ausbeuter aufzunehmen und zu schüren und die Patientin zu ermuntern, ihn zu konfrontieren oder anzuzeigen". Dies möge zwar als „Zwischenschritt eine stimmige Entwicklung für die Betroffenen sein", doch sollte „neben den Phasen der Wut die Trauerarbeit nicht zu kurz kommen, um eine Fixierung auf das Ereignis und die Opferrolle zu vermeiden", die zum Identitätsersatz mit hoher narzißtischer Besetzung werden könne (Scholich, 1992, S.109-110).

Wenn der Folgetherapeut selbst seine Patientinnen oder Ausbildungsteilnehmerinnen mißbraucht, kann dieses Verhalten einer Abwehrstrategie gegenüber der eigenen Mißbrauchserfahrung entsprechen, die sich als Verwandlung von „Passivität in Aktivität" beschreiben läßt (Anna Freud, 1977). Diese Wendung vom Opfer zum Täter scheint bei Männern verbreiteter zu sein als bei Frauen. In einer Befragung von 279 psychiatrischen Pflegern und Pflegerinnen gaben 55,8 % der Männer, die in ihrer Kindheit sexuell mißhandelt wurden, sexuelle Kontakte mit Patientinnen an gegenüber nur 15,8 % der als Kind mißbrauchten Pflegerinnen (Moggi et al., 1994). Der Weg „vom Opfer zum Täter" kann eine persönliche Bewältigungsstrategie darstellen, allerdings um den Preis ständig neuer Traumatisierungen (s.o. und Bauriedl, 1992). Daß Folgetherapeuten, die selbst sexuelle Beziehungen zu ihren Patientinnen unterhalten haben, dazu neigen, das Trauma zu bagatellisieren oder die sexuellen Kontakte gar als hilfreich einzuschätzen, ist auf diesem Hintergrund naheliegend (Holroyd & Bouhoutsos, 1985).

4.2.3 Hinderliche Haltungen und Einstellungen

Wie wichtig eine persönlich geklärte und damit auch nach außen hin klare Position des Therapeuten als Voraussetzung für eine gelingende Folgetherapie ist, zeigen die Aussagen der Teilnehmerinnen an der Freiburger Untersuchung des Instituts für Psychotraumatologie. Das Bedürfnis nach einer Folgetherapie hatten 45 der 61 Befragten, nur sieben verneinten diese Frage eindeutig. 60 % hatten an einer und 13 % an zwei Folgetherapien teilgenommen. Von diesen waren zum Zeitpunkt der Untersuchung 26 % abgeschlossen und 54 % noch nicht. Ein ungewöhnlich hoher Anteil der Befragten, nämlich 21 % hatten die Folgebehandlung abgebrochen. Die abgeschlossenen Therapien hatten durchschnittlich 20 und die abgebrochenen 14,5 Monate gedauert. Interessanterweise war die Dauer der Behandlungen, die zur Zeit der Befragung noch liefen, am höchsten, sie betrug durchschnittlich 25,4 Monate. Da die meisten abgeschlossenen und abgebrochenen Therapien weit zurückliegen, mag dieser Befund darauf hinweisen, daß die Folgetherapeuten inzwischen die Schwere und Komplexität der Störungen ernster nehmen und gründlicher mit ihren Patientinnen aufarbeiten. Ungefähr ein Drittel ist bei dem zweiten Folgetherapeuten, mit dem sie gesprochen hatten, in Behandlung gegangen. Acht Frauen suchten drei oder vier, sechs Frauen zwischen fünf und sieben verschiedene Therapeuten auf, bevor sie sich zu einer Behandlung entschließen konnten. Als Gründe dafür, daß keine Therapie zustande kam, wurden angegeben (in der Reihenfolge der Häufigkeiten): Angst vor Wiederholung des Mißbrauchs, Mißtrauen in den Folgetherapeuten, den Ersttherapeuten nicht schädigen wollen, Ablehnung von Therapie überhaupt, sich mitschuldig fühlen.

Die Mehrzahl der Untersuchungsteilnehmerinnen hatte in den Erstgesprächen bereits ihre Mißbrauchserfahrung in der Therapie angesprochen. Sie berichteten von folgenden Reaktionen. Gleichviele, nämlich jeweils 12 Folgetherapeuten hielten sich bedeckt, verurteilten entweder den Ersttherapeuten oder die Patientin. Wieweit diese Angaben Rückschlüsse auf die Einstellung in Fachkreisen zulassen, ist fraglich. Dennoch erscheint der Anteil der Therapeuten, die die Patientinnen in ihren Augen eindeutig verurteilten, mit 12 von insgesamt 64 Nennungen erstaunlich hoch, insbesondere da eindeutige Verurteilungen von Patientinnen mit der therapeutischen Haltung normalerweise nicht zu vereinbaren sind. Viele Folgebehandler reagierten auch verunsichert oder bezweifelten den Vorfall. Andere ermutigten die Patientin zu Folgetherapie und Selbsthilfe.

Für die Verarbeitung des sexuellen Mißbrauchs wurde die Folgebehandlung von 23 Untersuchungsteilnehmerinnen eindeutig als hilfreich erlebt, von 11 als teilweise hilfreich, 15 bewerteten die Folgetherapie in dieser Hinsicht als erfolglos, 11 erkannten ihr zumindest Teilerfolge zu.

Einen Hinweis auf durch die Folgetherapie bewirkte Veränderungen, gibt die Selbsteinschätzung vor Beginn der Behandlung und zum Untersuchungszeitpunkt.

Probandinnen, die eine Folgetherapie begonnen und insbesondere diejenigen, die sie abgeschlossen hatten, schätzten sich zum Untersuchungszeitpunkt signifikant selbstsicherer ein. Nach Abschluß der Folgetherapie neigten sie tendenziell weniger zur Selbstaufopferung. In ihrer Fähigkeit, Sexualität zu genießen, in depressiven Verstimmungszuständen und Suchtmittelkonsum unterschieden sich beide Gruppen nicht wesentlich voneinander.

Wichtige Differenzen zeigten sich allerdings in einigen Skalen der IES (s. Kap. 2.3). Sie weisen darauf hin, daß im Rahmen der Folgetherapie die traumatische Belastungswirkung des SÜP verringert worden ist. Probandinnen, die eine weitere Behandlung aufgenommen hatten, litten signifikant weniger unter Schlafstörungen und wurden weit weniger von Alpträumen geplagt (statistisch sehr signifikanter Unterschied). Probandinnen ohne Folgetherapie hatten heftigere Gemütsbewegungen, wenn sie an den Vorfall dachten, neigten stärker dazu, allem aus dem Wege zu gehen, was sie an das Ereignis erinnerte, und litten mehr darunter, daß sich ihnen Bilder vom Vorfall unwillentlich aufdrängten (jeweils statistische Trends).

Die Folgetherapien, ob abgeschlossen oder nicht, hatten offensichtlich eine deutliche Verringerung intrusiver Traumareaktionen zur Folge (durchschnittlich 1 Punkt weniger auf der Intrusions-Skala der IES; ein statistischer Trend). In der Anzahl der angegebenen neuen oder verstärkten Symptome zeigten sich hingegen keine statistisch bedeutsamen Unterschiede.

Auf die Frage, was in Haltung, Einstellung und Verhalten des Folgetherapeuten hilfreich und was hinderlich für die Bewältigung des Mißbrauchs erlebt wurde, antworteten die Probandinnen folgendermaßen. Als hilfreich erschienen (in der Reihenfolge der Häufigkeiten): „Eine verständnisvolle Haltung des Therapeuten; klare Haltung zum Vorfall als Mißbrauch; mir wurde geglaubt; klare, vom Therapeuten respektierte Grenzen; Mißverständnisse waren klärbar; die Sicherheit, daß kein sexueller Kontakt vorkommt; Verständnis des Therapeuten auch für positive Gefühle gegenüber dem Ersttherapeuten".

Die Ergebnisse einer Befragung von 30 Inzestopfern über ihre Therapien sind fast identisch. An hilfreichen Interventionen nannten sie: „1. Der Klientin wurde geglaubt; 2. der Therapeut war unterstützend und verständnisvoll, vermittelte Anteilnahme, Sorge, Empathie oder Mitleid mit der Klientin; 3. die Klientin wurde nicht für die Victimisierung verantwortlich gemacht; 4. der Therapeut reagierte nicht schockiert oder ärgerlich auf die Eröffnung des Inzest; 5. die Klientin fühlte sich nicht allein oder unglaubwürdig; 6. der Therapeut half den Inzest zu beenden" (Armsworth, 1989, S. 553-554).

Was hier als hilfreich geschildert wird, möchten wir als eine nicht-neutrale Abstinenzhaltung des Folgetherapeuten bezeichnen. Abstinenz ja, Neutralität im Sinne völliger Unparteilichkeit nein. Diese Haltung parteilicher Abstinenz ist in Traumatherapien generell von besonderer Wichtigkeit. Straker (1990) betont die Glaubwürdigkeit des Therapeuten als notwendige Voraussetzung dafür, daß mit den gewalttraumatisierten Jugendlichen, die sie in Südafrika behandelt, eine tragfähige therapeutische Arbeitsbeziehung aufgebaut werden kann. Klare Stellungnahmen zum Geschehen, zu Fragen von Schuld und Verantwortlichkeit sind wesentliche Bedingungen dafür, daß die Betroffenen das Mißtrauen abbauen können, das sie infolge des erlebten Vertrauensbruchs nun dem Folgetherapeuten entgegenbringen (vgl. Becker-Fischer, 1995).

Unerläßliche Voraussetzung ist, daß der Folgetherapeut den Mißbrauch als glaubhaft, als Faktum anerkennt und die schädigenden Folgen für die Patientin versteht (Schuppli-Delpy & Nicola, 1994; Apfel & Simon, 1985). Sollte er Zweifel an der Glaubwürdigkeit der Vorfälle hegen, so müssen diese klar und sachlich mit der Patientin besprochen und geklärt werden.

Die Haltung parteilicher Abstinenz impliziert zudem, die Parteilichkeit nicht auf die therapeutische Beziehung zur Patientin zu begrenzen und damit das Tabu aufrechtzuerhalten, sondern in den eigenen Fachgesellschaften und der Öffentlichkeit eindeutig Stellung zu beziehen und sich für Strukturen einzusetzen, die helfen, diesem Mißstand zu begegnen (siehe auch Schuppli-Delpy & Nicola, 1994). Zu dieser Haltung gehört des weiteren Ehrlichkeit. Ihr heftiges Mißtrauen sensibilisiert die Betroffenen im allgemeinen für geringfügigste Andeutungen von Zweifeln, die Folgetherapeuten an der Realität der Geschichte haben könnten. Solche Zweifel sollten nicht verschwiegen, sondern ehrlich mit den Patientinnen geklärt werden.

Im Unterschied zu einer fiktiven „Neutralität" ist Abstinenz für Behandlungen nach sexueller Ausbeutung in einer früheren Therapie natürlich überaus wichtig. Der Therapeut muß sich davon enthalten (von lat. „abstinere" = sich enthalten), eigene Bedürfnisse, Wünsche, Interessen in den Prozeß einzubringen (z.B. Abstinenz von Gegen- und Eigenübertragungsreaktionen; vgl. auch Cremerius, 1984).

Abweichungen von dieser Haltung nicht-neutraler Abstinenz werden in der Freiburger Studie umgekehrt als die wichtigsten hinderlichen Punkte in Haltung, Einstellung und Verhalten des Zweit-Therapeuten angegeben (in absteigender Häufigkeit): „geringes Einfühlungsvermögen; ablehnende Reaktionen; Parteilichkeit für den Ersttherapeuten; Therapeut hat sich mit dem Thema nicht beschäftigt; übersteigerte Zurückhaltung; Zweifel an der Realität des Vorfalls; Ignorieren von Wut und Empörung; Verstärkung von Selbstvorwürfen". Die Gründe für eine negative Beurteilung der Folgetherapie als „nicht hilfreich" gehen in dieselbe Richtung (in absteigender Häufigkeit): „Unkenntnis der Thematik, nicht einfühlsam, parteiergreifend für den Ersttherapeuten, Angst vor der sexuellen Ausstrahlung der Patientin, zu zurückhaltend".

Wiederum sehr ähnlich beurteilen Inzestopfer folgende Erfahrungen in ihren Therapien als wenig hilfreich oder schädlich:

„1. Der Therapeut glaubte der Patientin nicht, sie erzähle Phantasiegeschichten; 2. der eröffnete Inzest wurde ignoriert oder vom Therapeuten als unwichtig bzw. nicht schädigend hingestellt (da kein Geschlechtsverkehr stattgefunden hatte); 3. zu viele Medikamente wurden verschrieben; 4. der Patientin wurde die Schuld am Inzest gegeben, oder ihr wurde gesagt, sie müsse Spaß daran gehabt haben, da sie geblieben sei; 5. der Therapeut war schockiert oder abgestoßen über die Eröffnung des Inzest" (Armsworth, 1989, S. 554).

Der häufigste und zugleich schädlichste Vorfall in diesen Therapien war allerdings der sexuelle Mißbrauch durch den Therapeuten. Sieben der 30 Befragten waren sexuell intim mit ihren Therapeuten oder wurden von diesen lange Zeit sexuell bedrängt. Der Befund, daß gerade Inzestopfer in der Therapie erneut mißbraucht werden, wurde in der internationalen Forschung wie auch in unserer Untersuchung wiederholt bestätigt (vgl. dazu und zu den Hintergründen Becker-Fischer & Fischer, 1995).

Wieweit das Geschlecht des Therapeuten für den Erfolg einer Folgebehandlung relevant ist, ist eine offene Frage. Wir kennen viele Betroffene, die, gerade um wieder Vertrauen zu Männern gewinnen zu können, einen männlichen Therapeuten suchen. Andere fühlen sich von Frauen besser verstanden und dort sicherer, wenn der Mißbrauch von einem Mann ausging.

Die Teilnehmerinnen der Freiburger Befragung, die mit ihrer Folgetherapie unzufrieden waren, hatten diese ganz überwiegend bei Männern gemacht. Ebenso beurteilten die in ihrer Kindheit mißbrauchten Frauen, die Armsworth (1989) untersuchte, ihre Therapien bei Männern schlechter als die bei Frauen. Neben dem Weiterbildungsbedarf in Behandlungsfragen nach sexuellem Mißbrauch, der insbesondere bei Männern sehr groß zu sein scheint, sind vermutlich besondere Gegenübertragungsprobleme männlicher Folgetherapeuten für diese Befunde verantwortlich. Die Abwehr und Verharmlosung der Victimisierung von Frauen, die sich auf gesellschaftsstruktureller Ebene dem Machtungleichgewicht zwischen den Geschlechtern verdankt, ist bei männlichen Folgetherapeuten sicher verbreiteter als bei weiblichen. Auf der psychischen Ebene wird der schon erwähnte Unterschied in der Verarbeitung eigener infantiler Traumatisierungen dazu beitragen, daß Männer Schädigungen, die Frauen durch männliche Gewalt erfahren haben, heftiger abwehren müssen (vgl. z.B. Walker, 1989). Sich mit der Rolle des Opfers zu identifizieren, sich in Opfer einzufühlen, scheint bei Männern größere Ängste auszulösen. Dementsprechend neigen sie dazu, eigene Opfererfahrungen aktiv in spätere Täteridentifikationen oder gar Täterschaft zu wenden. Daß so extrem wenige männliche Patienten mit sexuellen Mißbrauchserfahrungen in der Psychotherapie sich an wissenschaftlichen Untersuchungen beteiligen, scheint einem ähnlichen Verarbeitungsmechanismus geschuldet zu sein. Die Vermutung, daß hier eine höhere Dunkelziffer als bei Frauen vorliegt, wird in der internationalen Literatur wiederholt diskutiert. Gabbard (1992), der mehrere in der Therapie mißbrauchte Männer in Behandlung hatte, beobachtete, daß es ihnen erheblich schwerer fällt, den mißbräuchlichen Charakter des Geschehens zu realisieren. Sie erleben sich überwiegend als die „aktiven Verführer", um so die verletzende passive Abhängigkeit und Ohnmacht nicht realisieren zu müssen. Die Folgeschäden sind bewußtseinsferner, eher psychosomatischer Natur.

Andererseits gibt es Hinweise darauf, daß männliche Therapeuten auch in Folgetherapien nach SÜP sehr erfolgreich sein können, wenn sie ihre Gegenübertragungsreaktionen und geschlechtsspezifischen Abwehrstrategien reflektieren. Patientinnen, die nach dem Mißbrauch keine Beziehungen zu Männern mehr eingehen konnten, haben nicht selten den Wunsch, die destruktive Erfahrung, die sie mit ihrem Ersttherapeuten gemacht haben, gerade mit einem Mann aufzuarbeiten, um sich auf Liebesbeziehungen zu Männern wieder einlassen zu können. Kluft (1989), ein Pionier der Traumatherapie in den USA, berichtet aus eigener Praxis von 30 erfolgreichen Folgetherapien, die er als männlicher Therapeut mit Patientinnen durchführte. Ebenso berichten als männliche Therapeuten, die sich mit der Thematik gründlich beschäftigt haben, Nicola (1991) und Schoener und Milgrom (1987) über eine Vielzahl positiver Therapieverläufe (vgl. zu dieser Problematik auch Cavenar, et al., 1983).

4.3 Anhaltspunkte und Regeln bei der therapeutischen Aufarbeitung des PMT

4.3.1 Aufbau einer tragfähigen Arbeitsbeziehung

Eine besondere Schwierigkeit ergibt sich daraus, in Zweittherapien eine hinreichende Differenzierung zwischen Arbeitsbündnis und Übertragung zu erreichen, die in folgendem Diagramm veranschaulicht wird (Fischer 1989, S. 58).

80

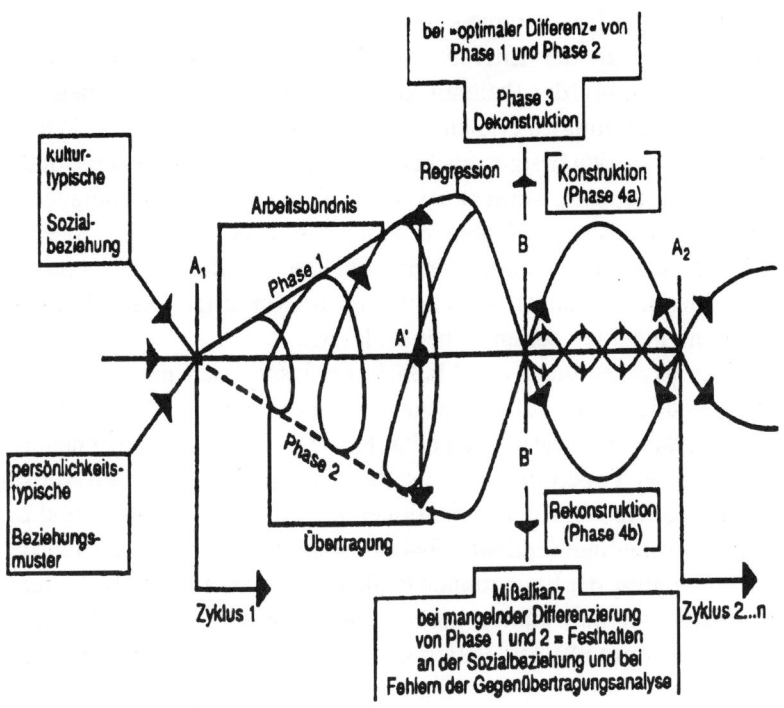

Erklärung: Das Diagramm stellt einen Veränderungsschritt in der Psychotherapie in vier Phasen oder Momenten dar, die notwendige Voraussetzung für diese Veränderung sind. Eine „optimale Differenz" (Phase 3) zwischen Arbeitsbündnis (Phase 1) und Übertragungsbeziehung (Phase 2), die zu einem Neuentwurf, einer Neukonstruktion des bisherigen pathogenen Beziehungsschemas führt (Phase 4a) sowie zur Rekonstruktion der traumatischen Beziehungserfahrungen (Phase 4a), die dem pathogenen Schema zugrundliegen.

Die Patientinnen übertragen die negativen Beziehungserfahrungen mit dem Ersttherapeuten auf die neue Therapiesituation und den Folgetherapeuten. Kaum bei einer anderen Patientengruppe ist die Gefahr so groß, daß die neue therapeutische Erfahrung in den Sog der alten gerät. Schon die „minimale Differenz" zwischen den Phasen 1 und 2, zwischen Arbeitsbündnis und Übertragungsbeziehung (symbolisiert in Punkt A1

81

des Diagramms) kann hier nicht ohne weiteres vorausgesetzt werden. Zwischen der neuen Therapiesituation und der destruktiven Beziehungserfahrung in der Ersttherapie kann die Patientin noch nicht hinreichend differenzieren. In der Literatur werden z.T. drastische Maßnahmen vorgeschlagen, um der Patientin diese Unterscheidung zwischen alter und neuer Erfahrung zu erleichtern. Pope und Bouhoutsos (1992) empfehlen bereits in den Erstgesprächen eine deklarative Feststellung, daß es in dieser Therapie zu keinem sexuellen Kontakt mit dem Therapeuten kommen wird. Sie empfehlen zudem, eine dritte Instanz, z.B. einen Kollegen oder eine Kollegin einzuschalten, der/die die Patientin in regelmäßigen Abständen aufsucht, um die vorherige ausschließliche Beziehung nicht wieder entstehen zu lassen.

Solche psychoedukativen Maßnahmen lassen sich natürlich in die unterschiedlichen Therapiestile wie Verhaltenstherapie, Psychoanalyse oder Gesprächstherapie leichter oder schwerer einfügen. In einer neueren Arbeit schlägt Pope einen gegenseitig unterzeichneten Arbeitsvertrag vor, der die wichtigsten Informationen über die Therapieform und die Verlaufsbedingungen enthält (1994). Besonders sei darauf zu achten, daß die Einwilligung der Patientinnen in die Bedingungen der Folgetherapie auf gründlicher Information beruhe, die verständlich und nützlich sei („informed consent"). Die Patientin soll wissen, daß Einwilligung oder Ablehnung ein schwieriger und komplexer Prozeß ist, ein fortgesetzter Dialog und daß in jeder Phase Fragen, die die Behandlung betreffen, besprochen werden können. In der Ersttherapie haben sie ja gerade die gegenteilige Erfahrung machen müssen. Ihre Zustimmung zur intimen Beziehung basierte nicht auf wirklicher Kenntnis, z.B. ihrer potentiellen Folgen. Die Einwilligung war letztendlich „bedeutungslos". Wegen dieser „uninformierten" Zustimmung machen sich die Patientinnen dann selbst und machen auch andere sie für den Mißbrauch verantwortlich.

Weniger bedeutsam als einzelne Maßnahmen und Techniken ist nach unserer Erfahrung das allgemeine Prinzip, daß der Folgetherapeut in seinen Deklarationen und Interventionen von Anfang an die optimale Differenzierung (Phase 3 in Abbildung 1) zwischen Arbeitsbündnis und Übertragungsschemata der Patientin fördert und sogar eine minimale Differenzierungsfähigkeit nicht ohne weiteres als gegeben ansieht. Im psychodynamischen Therapiestil sind hierzu deskriptive Deutungen geeignet, die die Patientin auf mögliche Parallelen zwischen Erst- und Zweittherapie hinweisen, um ihr die Wahrnehmung und Mitteilung entsprechender Befürchtungen zu erleichtern. Mit Rücksicht auf das heftige Mißtrauen, das diese Patientinnen gerade männlichen Psychotherapeuten entgegenbringen, sind Offenheit und die Ermutigung dazu, Kritik, Gefühle von Skepsis oder Mißbehagen zu äußern, von großer Bedeutung, um eine tragfähige Arbeitsbeziehung aufzubauen.

Das Mißtrauen gegen den Therapeuten kann sich offen bemerkbar machen oder nur andeuten. Manche Patientinnen neigen dazu, es kontraphobisch mit einer Haltung absoluten Vertrauens abzuwehren. Dieser Abwehrhaltung sollte der Folgetherapeut besondere Aufmerksamkeit widmen. Da sie dem Bedürfnis des Folgetherapeuten entgegenkommt, der Patientin zu vermitteln, daß sie ihm wirklich vertrauen darf, wird diese Abwehrhaltung oft nicht erkannt. Eine Schwierigkeit, die dann auftreten kann, bezieht sich auf die Grenzen in der Therapie. Um das Vertrauen der Patientin zu gewinnen und ihr zu beweisen, daß sie „anders" sind, geraten Folgetherapeuten leicht in die Gefahr „besondere" Angebote zu machen, den Patientinnen Sondertermine, Anrufe zu Hause, Sondertarife etc. zu gewähren. Daß damit die grenzverwischende Beziehungsform zum Ersttherapeuten – auf anderer Ebene – wiederholt wird und neue, kaum auflösbare Verwicklungen entstehen, kann leicht übersehen werden. Schoener bemerkt dazu: „Ich versuche unsere Aufmerksamkeit auf den therapeutischen Vertrag zu richten. Wenn die Patientin dadurch, daß wir auf gemeinsam vereinbarte Ziele hin arbeiten, Vertrauen zu mir gewinnt, ist es gut. Aber die Ziele, nicht das Vertrauen, sind unser Focus" (Schoener, 1990, S. 6). Was diese Patientinnen vor allem brauchen, sind klare, empathisch vermittelte Grenzen. Die Gleichzeitigkeit von Empathie und Grenzen stellt eine deutliche und optimale Differenz zur Ersttherapie her.

Um zu einer hinreichenden Unterscheidung von der Ersttherapie zu gelangen, empfiehlt Kluft (1989), nach Möglichkeit solche Techniken zu vermeiden, die dort eingesetzt wurden. Seiner Erfahrung nach können zu große Ähnlichkeiten in der therapeutischen Technik das Trauma in einer Weise wiederbeleben, die therapeutisch nicht mehr zu steuern ist.

Einen anderen Ausweg aus den Gefahren der zu großen Ähnlichkeit zwischen Erst- und Folgetherapie bietet die Gruppentherapie. Sonne et al. (1985) schildern positive, wenn auch begrenzte Auswirkungen dieses Settings. Die intrusiven Symptome der psychotraumatischen Belastungsstörung, wie sich aufdrängende Erinnerungsbilder und Alpträume, waren zurückgegangen. Die Teilnehmerinnen fühlten sich unterstützt und sozial weniger isoliert. Sie hatten jedoch große Schwierigkeiten, ihr Mißtrauen und ihre Phantasie von „Besonderheit" zu überwinden, die der Ersttherapeut induziert hatte. Diejenigen, die nicht parallel in einer Einzeltherapie waren, klagten, im Gruppenrahmen nicht genügend Zeit zur Durcharbeitung ihrer komplexen Erfahrungen gefunden zu haben. Ergänzend zur Einzeltherapie wird die Gruppensituation als wertvoll angesehen, vor allem dann, wenn sie vorwiegend unterstützenden Charakter hat. Sie wirkt der Neigung zur sozialen Isolierung entgegen, die eines der Symptome des PMT ist (s. o. Dish; auch Milgrom, Luepker, List, 1989).

Außerdem kann die Arbeit mit den Angehörigen wichtig sein, um weitere soziale Isolierung der Betroffenen zu verhindern. Gruppenarbeit mit Angehörigen wurde pionierhaft am „Walk-In-Counseling-Center" in Minneapolis durchgeführt (Schoener et al., 1989; Luepker, in press, und Luepker & O'Brien, 1989). In der Regel sind die Angehörigen durch den sexuellen Mißbrauch und seine Folgen ebenfalls traumatisiert. „Der Begriff 'assoziiertes Opfer' scheint dem des 'sekundären Opfers' vorzuziehen zu sein; 'sekundär' mag interpretiert werden, als weise es auf eine geringere Bedeutung hin. Wichtiger ist jedoch, daß er nicht präzise und realistisch die schmerzvollen Reaktionen der Familienmitglieder auf das Trauma, unter dem das direkte Opfer leidet, bezeichnet. Darüber hinaus deutet der Begriff 'assoziiertes Opfer' auf einen weiteren Behandlungsfocus hin, indem er die Folgewirkungen der Fehlbehandlung einbezieht. Er verweist darauf, daß der Schmerz und das Leiden des direkten Opfers sich wie ein Virus unter den Menschen, die ihr (oder ihm) nahe sind ausgebreitet hat" (Luepker, in press, S. 2).

Die Symptomatik der Opfer führt nicht selten zur Entfremdung zwischen den Partnern bis hin zu Trennung oder Scheidung. Bisweilen erleiden die Partner ein Schocktrauma, wenn sie von der erotischen Beziehung mit dem Therapeuten erfahren. Depressive Enttäuschungsreaktionen, Wut und Ärger auf die Partnerin oder den Therapeuten sind häufig. In der Schweiz wurde ein Psychoanalytiker vom Ehemann einer Patientin erschossen, als dieser von der sexuellen Beziehung erfuhr. Die Verständigung der Partner wird durch Schuldzuweisungen an die Betroffene erschwert, die diese nicht selten als retraumatisierend erlebt und in noch tiefere Depressionen stürzt. Paartherapien und Gruppen von Mitbetroffenen haben sich in diesen Fällen sehr bewährt (Luepker, 1989). Die Schädigung ist besonders gravierend, wenn, was nicht unüblich ist, derselbe Therapeut gleichzeitig zur sexuellen Beziehung mit der Partnerin den

Ehemann in Einzeltherapie hatte.[6] Dann sind die Partner nicht nur „assoziiert"-traumatisiert, sondern auch selbst in ihrem Vertrauen in den eigenen Therapeuten erschüttert. Sie beschreiben dies als „ein Gefühl von Horror, für das sie keine Worte finden können" (Luepker, in press, S. 11).

Unter den schweren Auseinandersetzungen der Eltern, den Veränderungen und psychischen Schädigungen der Mutter leiden auch die Kinder. Sowohl physisch als auch psychisch sind die Betroffenen oft kaum in der Lage, ihre Kinder zu versorgen. Nicht immer sind die Folgen bei den Kindern sehr offensichtlich. Gerade deshalb sollten ihnen jedoch besondere Aufmerksamkeit geschenkt und alternative Möglichkeiten ihrer Versorgung, z.B. durch Haushaltshilfen, geprüft werden. Auch familientherapeutische Gespräche können eingeleitet werden. „Parentifizierung" der Kinder, die sich bemühen, die verletzte und verstörte Mutter zu schützen und zu versorgen, ist eine charakteristische Folge. Diese Kinder sind überlastet und einsam, da sie das „Geheimnis", das die Mutter quält, zwar spüren, aber nicht wissen, worum es wirklich geht. Überängstliche Reaktionen der Mütter, die ihre Kinder vor ähnlicher Traumatisierung bewahren möchten, können altersgerechte Ablösungsprozesse verhindern.

Milgroms (1989) Erfahrung nach sind jedoch gerade jene Betroffenen am schwersten gefährdet, bei denen es keine „Mitbetroffenen" zu geben scheint, da sie von ihrer sozialen Umwelt durch den Therapeuten oder die therapeutische Sekte gänzlich isoliert worden sind. Die Suizidgefahr ist hier verständlicherweise besonders hoch. Daher sollte in solchen Fällen zunächst die soziale Reintegration angestrebt werden.

4.3.2 Traumatheoretische Regeln in Folgetherapien

Neben ggf. unterstützenden Gruppensettings bleibt nach sexuellen Übergriffen in der Psychotherapie die Einzeltherapie ein Verfahren der Wahl. Ist die notwendige Unterscheidung zwischen Arbeitsrahmen und negativen Vorerwartungen erreicht, so wird eine produktive therapeutische Arbeit möglich. Diese verfolgt im Prinzip zwei Ziele: Aufarbeitung der traumatischen Aktualerfahrung und, falls möglich, darüber hinaus die Aufarbeitung jener primären Störung, die zur Ersttherapie führte, dort aber verstärkt und überlagert, anstatt aufgearbeitet wurde.

Die erste Phase der Therapie ist auf die traumatischen, verzerrten therapeutischen Erfahrungen in der Ersttherapie fokussiert und sollte den

Rekurs auf die Ausgangsstörung bzw. eventuell pathogene Vorgeschichte der Patientin – selbst wenn das Thema von ihr angeboten wird – strikt vermeiden. Dies wird von den Patientinnen fast immer als negative Attribuierung verstanden und verstärkt die Schuldgefühle: „Durch meine Störung bzw. pathologische Lebensgeschichte habe ich wichtige Warnzeichen übersehen, den Therapeuten sexuell gereizt" usf.

Die meisten Patientinnen beschuldigen sich entweder selbst für die Traumatisierung, die sie erfahren haben, oder geben sich zumindest, ähnlich wie ihre soziale Umgebung, die „Mitschuld" am Mißbrauch. Diese Haltung ist eines der wesentlichsten Hindernisse bei der Auflösung der pathologischen Bindung an den Ersttherapeuten. In der Literatur wird hier verschiedentlich empfohlen, der Patientin in einer psychoedukativen Erklärung oder einem „sokratischen Dialog" zu verdeutlichen, daß der Therapeut die alleinige Verantwortung für das Scheitern der Therapie und den Mißbrauch trägt, auch dann, wenn sie sich in der Phase positiver Übertragung eine erotische Beziehung gewünscht oder Anstrengungen unternommen haben sollte, den Therapeuten sexuell zu verführen. So empfehlen z.B. Apfel und Simon: „Die Unangemessenheit, Destruktivität und der unethische Charakter dessen, was passiert ist, sollte bestätigt werden. Ohne diese klare Bestätigung wird es schwierig sein eine Arbeitsbeziehung herzustellen" (Apfel & Simon, 1985, S. 64). Patientinnen, die über die zu erwartenden Übertragungsphänome gewöhnlich nicht aufgeklärt werden, haben in der Tat kein kognitives Konzept zur Verfügung, um das Dilemma, in das sie der Ersttherapeut gebracht hat, auflösen zu können. Daher kann die ausdrückliche Information über Rechte und Pflichten jeweils von Therapeut und Patient durchaus hilfreich sein.

Nach unserer Erfahrung sollte vor allem in psychodynamischen oder klientzentrierten Therapien bei dem deklarativen Teil der Interventionen darauf geachtet werden, daß sie in der sich ausbildenden Übertragungskonstellation von der Patientin nicht als Überheblichkeit gegenüber dem Ersttherapeuten und als narzißtischer Wunsch, der bessere Therapeut zu sein, mißverstanden werden können.

Wichtiger vielleicht als Deklarationen ist es, eine möglichst hohe Transparenz der gegenwärtigen Therapie herzustellen und die Patientin zu ermutigen, kritische Gedanken und Beobachtungen gegenüber dem Folgetherapeuten jederzeit in die Beziehung einzubringen. Die Einhaltung der Grenzen zeigt der Folgetherapeut nicht per Deklaration, sondern in Praxi und indem er der Patientin den Sinn aller therapeutischen Regeln erklärt. Gelingt es, diese Verbindung von Theorie und Praxis zu verwirklichen, so verstärkt er dadurch automatisch die Differenz zwischen dem gegenwärtigen Arbeitsbündnis und der negativen Vorerfahrung, welche die Patientin auf die neue Therapie überträgt. So kann sie erstmals erleben, wie eine Therapie lege artis verlaufen und wirken kann. Diese „optimale Differenz" zur negativen Vorerfahrung erleichtert es, die Schuldzuschreibungen an die eigene Person zu hinterfragen und den Anteil des Ersttherapeuten zunehmend realistisch einzuschätzen.

Entscheidend ist eine therapeutische Haltung, die die Patientin empathisch und „nicht-neutral" begleitet, ihr jedoch bei aller Stützung und Unterstützung stets die Initiative überläßt. Nur so kann die traumatisch bedingte „erlernte Hilflosigkeit" (Seligman, 1986) und die entwürdigende Abhängigkeit, die der Ersttherapeut forciert und aufrecht erhalten hat, allmählich in Frage gestellt und überwunden werden.

Ist ein optimal zur Vorerfahrung kontrastierendes Arbeitsbündnis aufgebaut, so beginnt die Patientin, sich mit der traumatischen Situation und der schmerzlichen und oft überwältigenden Erfahrung der sexuellen Ausbeutung durch den Ersttherapeuten zu konfrontieren. Neben Unterstützung und Hilfe beim Durcharbeiten der Situation(en) kann der Folgetherapeut der Patientin hier die Entwicklung bzw. Verstärkung der Symptomatik, wie sie sich in der Verlaufssequenz von traumatischer Situation, Reaktion und Prozeß ausgebildet hat, verdeutlichen.

4.3.3 Existentieller Sinn der Symptome des PMT

Eine Grundregel, die für Traumatherapien generell gültig ist, sollte gerade bei Folgetherapien nach sexuellem Mißbrauch in einer vorhergehenden Therapie besonders beachtet werden. Ochberg (1993) formulierte sie als „Prinzip der Normalität". Es besteht darin, den Traumatisierten zu verdeutlichen, daß die Symptome unter denen sie leiden, normale und verständliche Reaktionen auf eine anomische, traumatische Situation sind. Nicht – wie die Traumatisierten selbst es erleben – sie und ihre Symptome sind „verrückt", sondern diese sind eine „gesunde" Antwort auf eine „verrückte" Realität. Deutungen zielen dementsprechend darauf ab, den Zusammenhang zwischen Symptomen und traumatischer Situation herzustellen und die Verarbeitungsversuche der Patientin in der traumatischen Reaktionsphase und im traumatischen Prozeß als einen Selbstschutz- und Selbstheilungsversuch zu verstehen.

So entspricht beispielsweise die depressive Reaktion der Patientinnen von Ersttherapeuten des „Wunscherfüllungstypus" ihrem Versuch, diesen zu schonen und an der Illusion festzuhalten, seine Therapie sei hilfreich gewesen. Die gegen den Traumatisierer gerichteten aggressiven Impulse bleiben lange Zeit unbewußt und werden gegen die eigene Person gerichtet, mit all den bekannten Folgen wie Selbstentwertung, Selbstverletzung bis hin zu Suizidalität.

Selbstmordphantasien und -impulse sind bei diesen Patientinnen sehr verbreitet und ernstgemeint; ca. 14 % der Betroffenen leiden darunter, auf ca. 1 % wird in verschiedenen Untersuchungen die Selbstmordrate geschätzt (vgl. Bouhoutsos et al., 1983; Pope & Vetter, 1991). Bei Suizidgefährdung können Folgetherapeuten wiederum in besondere Schwierigkeiten mit dem Einhalten der Grenzen geraten. Versuchen sie einerseits, sich fest an gesetzte Grenzen zu halten, z.B. keine Sondertermine zu geben, so können die Patientinnen gefährdet sein. Weichen sie von den vereinbarten Regeln ab, so fürchten sie, in zu große Nähe zum Ersttherapeuten zu geraten. Diese Fragen können so komplex sein, daß sie nur in kollegialer Supervision zu klären sind. Grundsätzlich ist die Suizidgefahr, solange nur wenig vertrauensvolle Beziehungen bestehen, insbesondere in der Zeit zwischen dem sexuellen Übergriff und dem Aufbrechen der Symptomatik sowie in den Anfangsphasen der Therapie, in denen die Arbeitsbeziehung zum Folgetherapeuten noch nicht hinreichend stabil ist, besonders groß. Adäquat auf die potentielle Gefährdung des Lebens der Patientin zu reagieren, ist selbstverständlich wichtiger, als rigide an vereinbarten Regeln festzuhalten, wenn diese vorübergehend inadäquat sein sollten.

Grundsätzlich bewirkt die Rollenumkehr im Verhältnis zwischen Ersttherapeut und Patientin bei dieser ein unsicheres Gefühl für Grenzen, insbesondere auch für ihre Interessen, Wünsche, Schutzbedürfnisse und Rechte. Sicher bestand diese Problematik bei vielen schon vor dem sexuellen Übergriff, vor allem dann, wenn sie bereits in ihrer Kindheit sexuell ausgebeutet wurden. Diese Probleme wiederholen sich in der Folgetherapie und sind nicht immer gleich zu erkennen. Oft orientieren sich die Frauen so subtil an den bei ihrem Folgetherapeuten wahrgenommenen Bedürfnissen, daß die Angleichung der therapeutischen Situation an die Mißbrauchserfahrungen nur schwer zu erkennen ist, insbesondere, wenn sie den Wünschen der Folgetherapeuten entgegenkommt. Bei offensiveren Grenzüberschreitungsversuchen der Patientinnen in umgekehrter Richtung, z. B. Einladungen, Treffen außerhalb oder Anrufen zu Hause, wirken eindeutig abgrenzende Reaktionen des Therapeuten letztendlich sehr entlastend und helfen den Patientinnen, ihre eigenen Grenzen wahrzunehmen und in der Folge dann nach außen verteidigen zu können (vgl. Pope, 1994; Sonne et al., 1985).

Die Abwehr der Wut auf den Ersttherapeuten – etwa in der Depressivität – ist ebenfalls eine verständliche Reaktion auf die erfahrene Ausbeutung und in diesen Zusammenhang zu stellen. Allerdings kann die Abwehr dieser Wut sehr lange anhalten. Oft hat der Ersttherapeut auf subtile Weise die Patientin eingeschüchtert, z.B. durch systematische Umdeutung alle Abgrenzungstendenzen oder vorsichtiger Äußerungen von Kritik als Zeichen „abgewehrter Liebe". Solche Botschaften verstanden die Patientinnen: „Er braucht mich und meine Liebe. Ich darf ihn nicht verletzen, sonst ist er mir böse und mag mich nicht mehr". Da der abgewehrte Ärger in der Gegenübertragung sehr stark spürbar wird, besteht die Gefahr, ihn zu früh anzusprechen. Gefühle von Haß und Wut sind oft von erschreckender Stärke. Patientinnen haben Angst, von ihnen überwältigt zu werden. Wenn diese Gefühle dann bewußt werden, ist es wiederum wichtig, sie als gesunde Reaktionen anzuerkennen, als Ärger, der provoziert wurde und keineswegs pathologisch ist.

Allerdings rät Schoener (1993) davon ab, auf diese Wut zu fokussieren. Dabei bestehe die Gefahr, daß die Patientin sich in ihren liebevollen Gefühlen dem Ersttherapeuten gegenüber nicht verstanden sehe und den Eindruck gewinne, solche Gefühle nicht haben zu dürfen. Es geht nicht allein um die Wut, sondern um die Ambivalenz, die gemischten Gefühle. „Vieles war doch auch so schön, und ich hänge so daran, aber das kann ich keinem sagen, das können die anderen nicht verstehen", sagte eine der Probandinnen der Freiburger Untersuchung zu diesem Thema.

Einsamkeit und die Neigung, soziale Kontakte abzubrechen, gehen zunächst auf die Tendenzen der mißbrauchenden Therapeuten zurück, die Patientinnen in die Illusion ausschließlicher Zweisamkeit entsprechend der „golden phantasy" zu verwickeln. Vorbereitet wird diese gern durch Kommentare wie „der ist doch nicht der Richtige für Sie", bezogen auf die Partner der Patientinnen. Die den Patientinnen auferlegte Schweigepflicht hinsichtlich der intimen Beziehung kommt hinzu und hat weitere Isolierung und inneren Rückzug zur Folge. Gerade über das

Wichtigste, das was sie am meisten beschäftigt, dürfen sie mit niemandem, nicht einmal der besten Freundin oder dem langjährigen Hausarzt sprechen. Später, nach der Trennung, fühlen sich die Frauen leer, „wie ein Nichts" ohne den Ersttherapeuten. Nur er kann ihnen das Gefühl geben liebenswert, überhaupt wertvoll, „jemand" zu sein. Sie fühlen sich durch diese Erfahrungen so verändert und anders als ihre Umwelt, daß sie sich nicht zutrauen, Kontakte zu knüpfen oder wieder aufzunehmen. Zunehmende Scham- und Schuldgefühle tragen weiter dazu bei, daß die Einsamkeit oft lange bestehen bleibt. Dabei beziehen sich die Schuldgefühle nicht allein auf den Mißbrauch, sondern auch darauf, den Ersttherapeuten beruflich oder privat zu ruinieren, wenn alles bekannt würde. Selten verpassen die Ersttherapeuten die Gelegenheit, ihren Patientinnen diese Gefahr einzuschärfen. Irrationale Schuldgefühle, die bei Traumaopfern generell sehr verbreitet sind, dienen nicht nur dem Schutz vor der gefürchteten Wut des Täters, sondern vermitteln den Betroffenen auch die Illusion von Macht und Kontrolle. Wenn sie schuld sind an dem Geschehen, können sie es in Zukunft verhindern (vgl. z. B. Janoff-Bulman, 1992; Pope, 1994; Walker, 1994).

Das generalisierte Mißtrauen, das sich bei den Opfern des „Rachetypus" vor allem gegen Männer richtet und z.B. die Intimität mit dem Partner und langjährige Freundschaften zerstören kann, ist dennoch zunächst einmal als eine gesunde und normale Reaktion auf die Mißbrauchserfahrung anzusehen und sollte den Patientinnen als solche verständlich gemacht werden. Die Erfahrung eines so weitgehenden Vertrauensbruchs erschüttert das Vertrauen in die soziale Welt schlechthin und erschwert es, Liebesbeziehungen aufrechtzuerhalten bzw. aufzubauen und überhaupt vertrauensvolle Beziehungen zu Menschen zu entwickeln. Eine der heilsamsten Erfahrungen, die Patientinnen in dieser Phase der Folgetherapie machen können, ist, hier auf einen Menschen zu treffen, der ihnen sorgfältig, respektvoll und geduldig zuhört (dazu auch Pope, 1994). Einen Menschen also, der wiederum in optimaler Differenz zur Erfahrung in der Ersttherapie wirklich empathisch (und nicht eigennützig) sie zu verstehen versucht und sie in ihrer eigenen Entwicklung begleitet, der ihnen hilft, sich selbst in ihren realen Lebenszusammenhängen anzuerkennen und wertvoll zu fühlen. Solange die innere Bindung an den Ersttherapeuten noch stark ist und der Ursprung des Mißtrauens in der pseudotherapeutischen Erfahrung nicht erkannt werden kann, wird dieses in der Regel auf Ersatzobjekte verschoben.

Sexualstörungen und sexuelle Konfusionen – ebenfalls verbreitete, oft mit Somatisierungen verbundene Symptome – sind in ihrer Genese zunächst auch auf die Mißbrauchserfahrung zurückzuführen. Wenn die Patientin sich damals in den Therapeuten verliebt hatte, gibt sie mehr oder weniger bewußt ihrem weiblichen Begehren die „Schuld" und erlebt es als zerstörerischen Selbstanteil. Hatte sie hingegen seinerzeit keine erotischen, sondern eher Wünsche nach Zärtlichkeit und elterlicher Liebe an den Therapeuten, so unterstellt sie sich in der Regel, sexuelle Bedürfnisse gehabt zu haben.

Gründe dafür liegen sowohl in den Verwirrungsstrategien der Therapeuten als auch in protektiven Mechanismen. Sowohl aggressive Impulse, Verselbständigungstendenzen als auch Wünsche nach elterlichem Schutz werden von den Therapeuten oft als sexuelles Begehren umgedeutet. Diesen Umdeutungen folgen die Patientinnen nach dem Motto „Ich werde mir das schon gewünscht haben, der Therapeut hat es ja gesagt". Es kommt zu einer schwer entwirrbaren Vermischung von sexuellem Begehren und mißverstandenen und mißbrauchten Wünschen nach Geborgenheit, Schutz und Anerkennung, ähnlich wie wir sie bei sexuell mißbrauchten Kindern kennen. Die Erfahrung nur „gut für Sex zu sein", sich „Liebe und Anerkennung durch Sex erkauft zu haben", wie es eine Betroffene formulierte, führt zu einer tiefgehenden Beeinträchtigung des Selbstwertgefühls als Frau. Generalisierend werden dann potentielle Liebesbeziehungen nach diesem Muster erlebt („die Männer benutzen Frauen ja nur als Sexualobjekt") oder es wird, z.T. in selbstentwertender, selbstdestruktiver Weise, aktiv wiederholt oder Sexualität gänzlich vermieden. Protektive Funktionen erfüllt die Unterstellung eigenen sexuellen Begehrens dadurch, daß die Betroffene das Geschehen ja dann provoziert hat, nicht ohnmächtig war und sich zukünftig schützen kann. Folge dieser Phantasie ist allerdings, daß sexuelles Begehren wiederum als gefährlicher Selbstanteil abgespalten werden muß. Sexualstörungen, in welcher Form auch immer, sind die Konsequenz.

Charakterveränderungen, die sich im traumatischen Prozeß herausgebildet haben, wie stereotype Vermeidungshaltungen gegenüber dem traumatischen Erfahrungskomplex, können, ähnlich wie phobische Reaktionen, als Versuche verstanden werden, die Erinnerungen zu kontrollieren und intrusive Erlebniszustände zu vermeiden, welche die traumatische Reizüberflutung wiederholen und evtl. zu einer Retraumatisierung führen würden.

Spaltungen beziehen sich einmal auf die Gefühle gegenüber dem Ersttherapeuten. Dissoziative Phänomene liegen darüber hinaus vielen affektiven und kognitiven Symptomen zugrunde. Arbeitsstörungen entstehen in den intrusiven psychotraumatischen Erlebniszuständen durch dissoziative Unterbrechung des Gedankenablaufs. Amnestische Phänomene werden zunächst als Schutz gegen die überflutende Erinnerung eingesetzt. Sie können sich ausweiten auf alltägliche Belange, die mit der traumatischen Situationskonstellation assoziativ verbunden sind. Zur Wiederherstellung der Arbeitsfähigkeit sind zuweilen kognitive Trainings wie Mnemo- und Problemlösungstechniken empfehlenswert (siehe auch Kluft, 1989). Pope warnt vor der Anwendung meditativer Techniken, da diese die Gefahr mit sich brächten, daß Patientinnen von dem traumatischen Impact überwältigt werden. Eher rät er zu Imaginationstechniken, da diese besser kontrolliert werden können.

Wichtig für die Beurteilung und das Verständnis der Symptome ist es auch, die Begründung zu berücksichtigen, die die Therapeuten für den, Mißbrauch gaben, die „Identifizierung der Verwirrtechniken des mißbrauchenden Therapeuten" (Schuppli-Delpli & Nicola, 1994, S. 132). Tatsächlich beherrschen die meisten dieser Therapeuten äußerst effektive Strategien, Verwirrungen, die das Mißbrauchstrauma selbst erzeugt, noch zusätzlich zu verstärken und zu festigen.

Erste Verwirrungen treten auf, wenn die Therapeuten ihren Patientinnen striktes Einhalten von Grenzen, z.B. „Schweigepflicht" hinsichtlich der Beziehung zum Therapeuten auferlegen, selbst jedoch sowohl aus anderen Therapien als auch aus ihrem Privatleben berichten und offensichtlich die Grenzen zwischen privatem und beruflichem Bereich nicht einhalten können. Die traumatisch bedingte Verwirrung in der Verantwortlichkeit wird verstärkt, wenn Therapeuten betonen, verführt worden zu sein, nur die wirklichen „geheimsten" Wünsche der Patientin erfüllt zu haben, oder darauf hinweisen, die Patientin habe sich ja „frei entschieden", hätte ja „nein sagen" können. Diese Schuldzuweisung an die Patientin findet sich bei den meisten Therapeuten. Nach den Ergebnissen unserer Untersuchung wird sie schwerpunktmäßig von Angehörigen der humanistischen Richtung, etwas seltener von Freudianern vertreten.

Rein abstrakt, als physische Möglichkeit kann natürlich jede Patientin „nein" sagen, aber in dieser spezifischen Abhängigkeitssituation eben nicht. Das wissen die Patientinnen allerdings in der Regel nicht, und „brav" übernehmen sie, was ihnen auferlegt wurde. Ähnlich ist es mit dem Argument, die Patientin sei schließlich „mitbeteiligt" gewesen. Eine „Mitbeteiligung" der Patientin ist selbstverständlich immer vorhanden, sonst hätte der Vorfall gar nicht zustandekommen können. Diese wird dann jedoch unmerklich in eine „Mitschuld" umgemünzt, obwohl zwischen beidem ein kategorialer Unterschied besteht.

Neben der Delegation von Schuld und Verantwortung besteht eine weitere übergeordnete Strategie der Therapeuten darin, die Befriedigung eigener egoistischer Bedürfnisse als uneigennützige Handlung im Interesse der Patientin hinzustellen. Dieser Strategie entspricht die über alle Therapieschulen hinweg verbreitete Tendenz, allerdings mit einem Schwerpunkt bei den Verhaltenstherapeuten, den Mißbrauch als therapeutische Maßnahme zu deklarieren. Dies wirkt verwirrend, wenn die Patientinnen bemerken, daß ihnen weder der sexuelle Kontakt „gut tut" noch sie sich insgesamt besser fühlen. Dann fühlen sie sich als „Versagerinnen", weil sie nicht die erwünschten „therapeutischen Fortschritte" machen. Noch krassere Konfusionen werden erzeugt, wenn der Mißbrauch als ein Akt dargestellt wird, mit dem der Therapeut ja nur die „eigentlichen", „geheimsten" Wünsche der Patientin erfülle, nur ihr zuliebe gehandelt habe oder ihren Provokationen erlegen sei.

In all diesen Fällen gibt der Therapeut vor, im wohlverstandenen wahren Interesse der Patientin gehandelt zu haben. Die Strategie kulminiert in ausgiebigen Beteuerungen der Liebe, besonderen Zuneigung und Verbundenheit. Zerstörungslust („süßeste Vernichtung") wird nicht nur als heilsam, sondern darüber hinaus als wahre tiefe Liebe ausgegeben.

Zur Verwirrung zwischen Phantasie und Realität trägt vor allem die ebenfalls sehr verbreitete Deklaration des Geschehens als „Phantasieprodukt" der Patientin bei. In unserer Untersuchung wurde sie von zwei Jungianern und einem Adlerianer vertreten. Tatsächlich haben wir oft beobachtet, daß Patientinnen in der Folge große Angst entwickeln können, überhaupt noch zu phantasieren, zu wünschen und zu träumen, wenn doch „alles sogleich Realität werden kann". Streitet der Therapeut den Vorfall auch gegenüber der Patientin ab, so erzeugt er dadurch eine ganz außerordentliche Verwirrung, die psychotische Zusammenbrüche fördern kann, da der Realitätssinn der Patientin in Frage gestellt wird. Eine der schwersten Verwirrungen betrifft die fundamentalen Gefühle Liebe und Haß, wird doch vom Mißbraucher als Liebe und Vertrauen ausgegeben, was letztendlich tiefsten Rache- wie Haßimpulsen entspringt und sich entsprechend zerstörerisch auf die Frauen auswirkt.

Solche Verwirrungsstrategien in ihren subtilen Modifikationen sollten genau analysiert werden, insbesondere im Hinblick auf ihre Auswirkungen in der Symptomatik. Hier besteht eine Parallele zur Psychotherapie mit Folteropfern. „Kommunikation über die verwirrende, gefälschte Kommunikation wäre die Rettung, aber gerade wegen der Verwirrung kaum mehr herzustellen. Bei der Behandlung von Folter-Opfern bewährt sich offenbar, wenn die Schuldgefühle, die durch die unmöglichen Entscheidungen und Double-bind-Befehle entstanden sind, als solche aufgezeigt werden" (Walter, 1990, S. 13).

4.3.4 Typische Übertragungskonstellationen beim Durcharbeiten des PMT

Beim Durcharbeiten des professionalen Mißbrauchstraumas treten einige erwartbare Übertragungskonstellationen auf. Ähnlich wie Patientinnen, die in ihrer Kindheit sexuell mißbraucht worden sind, provozieren in der Therapie Mißbrauchte, im Sinne des Wiederholungszwangs, zu Grenzüberschreitungen. Dabei sind Rettungsphantasien charakteristische Gegenübertragungsgefühle, die zu Abweichungen von der Abstinenz verleiten können. Der Folgetherapeut möchte unter allen Umständen das Versagen des Vorgängers ausgleichen und die Schädigung wiedergutmachen. Er ist bestrebt, sich von dem Mißbraucher radikal abzugrenzen, sich als anders, unbestechlich und absolut kompetent zu erweisen (vgl. auch Schoener, 1990; Schuppli-Delpy & Nicola, 1994). In diesem Bemühen können unbewußt Rettungs- und Größenphantasien des Ersttherapeuten wiederholt werden, die sowohl von der Patientin „induziert" sein können als auch unbewußten Identifikationen mit dem Ersttherapeuten entspringen mögen.

Solange die (mehr oder weniger bewußte) idealisierende Bindung der Patientin an den Ersttherapeuten fortbesteht, finden sich nicht selten Entwertungstendenzen gegenüber dem Folgetherapeuten. Zugleich überträgt die Patientin, solange sie an der idealisierten Beziehung zum Ersttherapeuten festhält, die abgespaltene Wut in den Folgetherapeuten. Diese Wut zu ertragen ist für Folgetherapeuten oft sehr schwer. Gefühle von Kränkung und Haß, die dann in der Gegenübertragung entstehen, können vom Folgetherapeuten z.B. mit Hilfe von Größen- und Rettungsphantasien abgewehrt werden. Oft wird der Ersttherapeut z.B. als besonders fürsorglich und hilfreich dargestellt, da er etwa Sondertermine zur

Verfügung stellte, die Stunden überzog, wenn es der Patientin schlecht ging oder sie sogar zuhause anrief und besuchte. Er behandelte die Patientin als „besondere" und wertete sie dadurch sehr auf. Aus der Kränkung heraus, jetzt wie eine ganz „normale" Patientin, wie „alle anderen" betrachtet zu werden, wird der Folgetherapeut wegen seines „rigiden" Festhaltens an Regeln angegriffen und als „herzlos", „formalistisch" oder „dogmatisch" entwertet.

In diesen Provokationen ist natürlich der Wunsch enthalten, auch für den Folgetherapeuten eine „besondere" Bedeutung zu gewinnen, mit ihm die innige Beziehung zum Ersttherapeuten zu wiederholen (womit zugleich der Ersttherapeut entlastet wäre). Im Grunde sind solche Provokationen jedoch ein unbewußter Test, ob sich die Patientin darauf verlassen kann, daß der Folgetherapeut, im Gegensatz zum Mißbraucher, in der Lage ist, die Grenzen zuverlässig einzuhalten. Wie bei mißbrauchten, vergewaltigten oder in anderer Weise traumatisierten Patienten überhaupt, wird die traumatische Erfahrung in der Übertragungsbeziehung reinszeniert. „Je mehr es uns gelingt, die Verführung zum Mißbrauch der Abhängigkeit der therapeutischen Situation an kleinen, alltäglichen Dingen zu erkennen und der Erinnerung und dem Durcharbeiten zugänglich zu machen, desto weniger muß es zu den chaotisch-destruktiven Wiederholungen kommen (...). Es geht nicht darum, die Konstellation von Verführungssituationen zu vermeiden, sondern daß diese erkannt und benannt und für den Patienten verständlich werden als Abwehr mit selbstdestruktivem und destruktivem Anteil. Nur wenn wir die Verführung aktiv und passiv auf uns bezogen identifizieren, sind wir einigermaßen sicher und orientiert, um uns von traumatischen Konstellationen, denen wir bei Patienten und bei mißbrauchenden Kollegen begegnen, ohne Angst des-identifizieren zu können" (Walter, 1990, S. 4 f.).

Zu diesen Wiederholungen gehört, natürlich, das Sichverlieben. Auf dem Hintergrund ihrer Mißbrauchserfahrung erleben die Frauen – in der typischen Übernahme der Schuld – eigene Verliebtheitsgefühle und sexuelle Wünsche als Ursache des Traumas und somit als äußerst gefährlich, potentiell destruktiv. Eine ihrer größten Ängste ist es, sich in der Folgetherapie (abermals) zu verlieben (vgl. dazu auch Braun, 1988).

Komplementäre Ängste treten oft bei Folgetherapeuten auf. Ähnlich wie in der Kindheit mißbrauchte Frauen rufen SÜP-Patientinnen nicht selten sexuelle Gegenübertragungsgefühle und -phantasien bei Folgetherapeuten hervor. Diese können ausgesprochen verunsichernd und irritierend sein, können Ängste, dem Ersttherapeuten ähnlich zu sein, sich gar mit ihm zu identifizieren, auslösen und mit dementsprechend heftigen Schuld- bzw. Schamgefühlen einhergehen. Sexuelle Gegenübertragungsreaktionen bei Opfern sexuellen Mißbrauchs bewußt zu akzeptieren und zu verstehen fällt Folgetherapeuten verständlicherweise besonders schwer. Bleiben diese Phantasien jedoch angstbesetzt und abgewehrt, so spüren dies die Patientinnen. Sie erleben die Angst des Folgetherapeuten als Bestätigung der Gefährlichkeit ihrer sexuellen Ausstrahlung und Wünsche mit der Folge, daß die Abspaltung dieses zentralen Selbstanteils nicht therapeutisch bearbeitet, weibliches Begehren nicht positiv besetzt und reintegriert werden kann (s. Kap. 4.3.5 sowie Sonne & Pope, 1991)

Spezifische Schwierigkeiten beim Umgang mit der Gegenübertragung ergeben sich, wenn Folgetherapeuten die Ersttherapeuten persönlich kennen. Außer bei engerer persönlicher Bekanntschaft stellt das nach unserer Erfahrung nicht unbedingt einen Ablehnungsgrund für die Übernahme der Behandlung dar, sofern sich der Zweittherapeut zutraut, sowohl die Implikationen für die Gegenübertragung angemessen zu berücksichtigen als auch die sozialen Konsequenzen zu bewältigen. Letztere werden vor allem dann schwierig, wenn er sich außerhalb des Therapieraums fachöffentlich für die Thematik engagiert oder sich für ehrengerichtliche Schritte gegen den Ersttherapeuten einsetzt.

Die Intensität der positiven Gefühlsbindung an den Ersttherapeuten bei gleichzeitiger Abspaltung der Aggressionen wird nicht selten unterschätzt. Oft diente das sexuelle Ausagieren der Abwehr tiefer Gefühle von Haß, Wut und Hoffnungslosigkeit oder von sadistisch/masochistischen Impulsen, die der Ersttherapeut in der Übertragung fürchtete. „Einige Patientinnen haben eine ausgeprägte Fähigkeit und große Erfahrung darin, in den Therapeuten alle konflikthaften Gefühle zu induzieren, denen sie als Patientin ausweichen möchten" (Apfel & Simon, 1985, S. 65). Hier besteht z.B. die Gefahr, daß der Therapeut im Sinne einer Rollenaufteilung die abgespaltene Wut der Patientin übernimmt und ausagiert. Anstelle der „veränderungsoptimalen Differenz" von Arbeitsbündnis und Übertragung kommt es jetzt in der Folgetherapie zu einer schwer auflösbaren therapeutischen Mißallianz. Je wirksamer der abgespaltene Affekt beim Zweittherapeuten untergebracht ist, je vollkommener er die Rolle des wütenden Moralisten übernimmt, desto bequemer kann sich die Patientin ihren positiven Gefühlen überlassen und die

Bindung an den Ersttherapeuten und mit ihr auch die Symptomatik aufrechterhalten.

4.3.5 Zeichen produktiver therapeutischer Veränderung

Die Dissoziation zwischen Gefühlen, Verhalten, Empfindungen und Gedanken hat neben ihrer Bedeutung als Abwehrmaßnahme gegen die emotionale Überflutung durch die traumatische Erfahrung eine weitere Quelle in Persönlichkeitsorganisation und dem mißbräuchlichen Verhalten der Ersttherapeuten selbst. So zeigen sowohl „Rache-" wie „Wunscherfüllungstypus" extrem doppelbödige Verhaltensmuster, welche die Patientinnen verwirren und ihre emotionale und kognitive Orientierungsfähigkeit nachhaltig einschränken können. Weil sich beim PMT positive Beziehungserfahrungen, wie sexuelle Intimität, und negative, wie Vertrauensbruch und Verrat, für die Patientinnen nahezu unentwirrbar miteinander vermischen, können auch die positiven und negativen Seiten im Vorstellungsbild vom Therapeuten nicht klar unterschieden werden. Eine ähnliche Konfusion über positive und negative Aspekte der Elternbilder tritt auch bei Beziehungstraumen in der Kindheit ein, wenn wie z.B. beim Vater-Tochter-Inzest die beschützende Elternfigur zugleich als einschüchternd und bedrohlich erlebt wird. Durch die Geheimhaltung und Tendenz zur sozialen Isolierung werden Außenkontakte, die als regulative Dritte klärend eingreifen könnten, aus dem engen dyadischen Beziehungssystem ausgeschlossen, beim Kindesmißbrauch ebenso wie in der ausschließlichen Zweierbeziehung der klassischen Psychotherapie. Die Konfusion vervollständigt sich, wenn ausgerechnet der Täter für das Opfer zur einzigen Instanz wird, an die es sich in seiner ausweglosen Lage um Hilfe wenden könnte.

Ein Selbstrettungsversuch aus der Objektkonfusion im Beziehungstrauma besteht nun im Versuch der „Objektspaltung", im Bemühen, das gute Bild vom Beziehungspartner dadurch zu retten, daß es vom bösen dissoziiert wird. Die Bilder vom Objekt sind allerdings Bestandteil eines Beziehungsschemas mit partiell reversiblen Subjekt- und Objektpositionen. In dem Maße, wie das Objekt aus Gründen des Selbstschutzes als gut und hilfreich angesehen wird, werden umgekehrt die bedrohlichen, negativen Erfahrungen dem Selbst zugeschrieben. Das Kind oder die mißbrauchte Patientin gibt sich jetzt die Schuld für die bedrohlichen Seiten des Vorfalls. Unter Absehen vom Hintergrund des Beziehungstraumas wird diese Dissoziationstendenz in der Kleinianischen Psychoanalyse als eine genuine primäre Abwehrtätigkeit des Kindes ausgegeben. In diesem Sinne konnte Kernberg (1978) die „Spaltung" als einen genuinen Abwehrmechanismus der „Borderline-Persönlichkeit" beschreiben, ohne den traumatischen lebensgeschichtlichen Hintergrund dieses Störungsbildes, das oft eine der Langzeitfolgen von sexuellem Kindesmißbrauch und physischer Kindesmißhandlung darstellt (vgl. van der Kolk & Herman, 1987) auch nur zu erwähnen.

Versteht man die unbewußte Aufspaltung der emotionalen Objektrepräsentanz als Selbstrettungsversuch im Rahmen der äußerst verwikkelnden Konstellation eines Beziehungstraumas, so wird aus dieser Konstellation heraus zugleich die Tendenz zur „Selbstspaltung" verständlich, die sich bei den Langzeitfolgen schwerer Kindheitstraumata regelmäßig auszubilden scheint. Während die Borderline-Persönlichkeitsorganisation durch dissoziierte Erlebniszustände gekennzeichnet ist, greift bei der „dissoziativen Identitätsstörung" die Spaltungstendenz über auf das zentrale Ich-Selbstsystem, so daß mehrere unterschiedliche Teilpersönlichkeiten im Sinne der multiplen Persönlichkeitsorganisation nebeneinander und relativ unabhängig voneinander koexistieren können.

Beim PMT muß die Spaltungstendenz als Selbstschutzstrategie nicht so weit vorangetrieben werden, daß auch die kognitive Selbstorganisation beeinträchtigt wird. Im emotionalen Bereich ist sie jedoch wirksam. Der gute, sympathische und beziehungsfähige Teil des Selbst lebt in dem Beziehungsschema der positiven Intimität und Wechselbeziehung mit dem hilfreichen Therapeuten fort. Abgewertet und für die Mißbrauchserfahrung verantwortlich gemacht wird hingegen ein negativer Teil des Selbst, zumeist das „böse innere Kind", das durch seine Gier nach Liebe und Anerkennung die Verwicklungen herbeigeführt haben soll oder zumindest „zu schwach" war, um sich dem Therapeuten zu widersetzen. Die fatale Folge ist, daß die Patientinnen ihre jeweiligen Wünsche, sei es nach Anerkennung, Liebe, Geborgenheit, sei es sexuelles Begehren als eigenen destruktiven Anteil erleben. Die Konsequenz, daß weibliches Begehren als höchst bedrohlicher eigener Persönlichkeitsanteil massiv abgewehrt werden muß, d.h., daß die Frauen durch den Mißbrauch gerade ihrer Fähigkeit zu sexueller Leidenschaft beraubt werden, sollten sich diejenigen vor Augen führen, die gegen die Aufdeckung sexuellen Mißbrauchs mit dem Argument, dies alles sei „lust- und sexualfeindlich", zu Felde ziehen. Der Mißbrauch gerade ist sexualfeindlich, da jetzt die

Mißbrauchten ihre Fähigkeit zu lustvollen Liebesbeziehungen als negativen und gefährlichen Anteil ihrer selbst erleben.

Die Neigung zur Selbstspaltung ist das Korrelat zur dissoziierten Persönlichkeitsorganisation des Therapeuten und wird durch dessen Verhalten nach dem Mißbrauch, seine besonderen „Begründungen" (vgl. Kap. 5.3), noch weiter verstärkt.

Ist die Dissoziation des Selbstsystems bei der Patientin einmal eingetreten, so verstärkt sich zirkulär ihre Unfähigkeit, den Therapeuten objektiv sehen und insbesondere seine eigenen Spaltungstendenzen erkennen zu können. Das Bild vom Therapeuten bleibt subjektiv (in der Sphäre des „subjektiven Objekts" nach Winnicott), in sich einheitlich und gut, während das Selbst die dissoziativen Tendenzen des Therapeuten verwirklicht.

Wird dieser zentrale dissoziative Komplex therapeutisch aufgelöst, so zeigt sich in der Psychotherapie sexuell traumatisierter Patienten regelmäßig ein Veränderungsschritt, den Fischer (1990) als Erwerb der Fähigkeit zur „Objektanalyse" beschrieben hat. Die Patientin gewinnt Distanz zum mißbrauchenden Therapeuten und kann dessen innere Gespaltenheit, insbesondere auch seine bewußten oder unbewußten destruktiven Absichten erkennen. Soweit ihr dies gelingt, braucht sie zugleich das Gegenstück, die Selbstspaltung nicht länger aufrechtzuerhalten und kann sich wieder als ein einheitliches, mit sich identisches Selbst empfinden. In diesem Schritt erwachen die dissoziierten und erstarrten Emotionen wieder zum Leben, und die Patientinnen fühlen sich wie aus einem Gefängnis befreit. Holderegger (1993) schildert ganz ähnliche Merkmale der emotionalen Befreiung und des „Auftauens" eingefrorener Emotionen, wenn es dem Patienten in einer analytischen Langzeitbehandlung gelingt, die eiserne Fessel zu sprengen, die das Trauma um die lebendigen Gefühle gelegt hat.

Typischerweise vollzieht sich der therapeutische Veränderungsschritt der Fähigkeit zur Objektanalyse oder Objektspaltung in drei unterscheidbaren Phasen:

1) Aufbau eines vertrauensvollen Arbeitsbündnisses in der therapeutischen Beziehung.

2) Eine nicht nur subjektive, sondern objektive Wendung gegen das traumatogene Objekt, verbunden mit der Einsicht in dessen reale Gespaltenheit und Widersprüchlichkeit. Sie führt dazu, daß das traumatogene Objekt als objektiv „bösartig" und hassenswert erkannt werden kann.

3) Die „Fähigkeit zur Objektspaltung" als therapeutischer Erwerb wird in der Therapie auch in der Beziehung zum Therapeuten erprobt und dadurch gefestigt.

Diese drei Phasen, die zusammengenommen die Fähigkeit zur Objektspaltung ausmachen, bilden einen notwendigen, wenn auch nicht hinreichenden Veränderungsschritt in gelingenden Therapieverläufen. In mißlingenden Behandlungsverläufen bleibt dieses therapeutische Zwischenstadium in der Regel aus.

Während der Phase der Objektspaltung und einige Zeit danach sind Patientinnen mit PMT sehr vulnerabel. Sie erleiden einen ähnlichen „Objektverlust" wie Kinder oder Adoleszenten in den Phasen der Ablösung von Eltern und Familie, hier noch verschärft durch die Auseinandersetzung mit einer pervertierten „Elternfigur". Trotz aller Probleme war ja der Ersttherapeut zu einer Stütze des Selbst und im „positiven Teilschema" der Beziehung zum Garant des Selbstwerts geworden. Die Revision dieses partiellen, dissoziierten Beziehungsschemas schwächt das Selbst. Die Einsicht, sich in dem Therapeuten getäuscht zu haben, mißbraucht und betrogen worden zu sein, kann eine aggressive Dynamik freisetzen, die sich in suizidalen Tendenzen gegen das Selbst kehren kann. Hier ist entscheidend, daß der Folgetherapeut stützend und emotional haltend zur Verfügung steht und Trauer über den Objektverlust sowie die rasende Wut über den Mißbrauch, Betrug und Verrat empathisch begleitet.

Viele Patientinnen planen jetzt ernsthafter als zuvor rechtliche Schritte gegen den Ersttherapeuten. Ist die emotionale Krise, die durch die innere Lösung von ihm enstand, überwunden, so sind die meisten in der Lage, auch in rechtlichen Fragen eigenverantwortliche und gut überlegte Entscheidungen zu treffen.

Nach außen aktiv zu werden und verantwortliche Schritte gegen den Ersttherapeuten zu unternehmen, haben fast alle Teilnehmerinnen der Freiburger Untersuchung als psychologisch hilfreich erlebt, selbst wenn die Schritte aufgrund der z.Zt. unbefriedigenden Rechtslage nicht sehr erfolgreich waren. Diese Aktivitäten tragen dazu bei, die induziert „erlernte" Hilflosigkeit zu überwinden und unabhängig von dem narzißtischen Aufwertungssystem des Ersttherapeuten sich in realitätsgerechtem Denken und Handeln als wirkungs- und wertvoll zu erleben.

Hat die Patientin jene realistische Sichtweise vom Ersttherapeuten und der Ersttherapie gewonnen, die das Stadium der Objektanalyse oder Objektspaltung anzeigt, so ist jetzt die innere Voraussetzung für die zweite Phase der Traumatherapie geschaffen, nämlich die prätraumatische Störung aufzuarbeiten, deretwegen die Ersttherapie begonnen wurde. Die Patientinnen greifen nun von sich aus das Thema auf, welche zuvor bestehenden Probleme sie in die Ersttherapie eingebracht haben; was sie gehindert hat, sich zur Wehr zu setzen u.ä., ohne – wie zu Behandlungsbeginn – in Selbstanklagen und Selbstbeschuldigung zurückzufallen.

Der Folgetherapeut sollte sich gegenüber diesem weiteren, lebensgeschichtlichen Hintergrund der Symptomatik mit Interventionen zurückhalten und insbesondere Deutungen vermeiden, die auf Trieb- oder Wunschmotivationen der Patientinnen verweisen (Kluft, 1989). Triebdeutungen werden fast immer mißverstanden als Bestätigung der ursprünglichen Selbstvorwürfe und bewirken einen therapeutischen Rückschritt. In dieser Phase sind „ich-stärkende" Interventionen hilfreich, die im Kontrast zur grenzüberschreitenden und -konfundierenden Vortherapie die Ich-Grenzen betonen und Abgrenzungsprozesse festigen. Der Therapeut kann hervorheben, daß es die Gefühle der Patientin sind, die sie in die Therapie eingebracht hat, daß sie sich geöffnet hat und daß diese Offenheit ausgenützt und mißbraucht wurde. Die Unterscheidung zwischen Beteiligung an einer Handlung einerseits und Verantwortung für sie oder gar Schuld andererseits kann entlastend wirken. Die Konfusion dieser Ebenen, muß dazu führen, daß die Patientin – zumeist eher bewußtseinsfern – die eigene Sexualität als schuldhaft und als operante Komponente der traumatischen Situation versteht. Dieses kognitiv-emotionale Schema wird bestärkt, wenn der Ersttherapeut die Schuld gänzlich der Patientin zuschiebt oder die „Schuldanteile" zwischen sich und der Patientin „gerecht" verteilt nach dem Motto: „Zu so etwas gehören immer zwei."

Hier ist ein Differenzierungslernen erforderlich, das der Patientin gestattet, ihre sexuellen Wünsche von der Mißbrauchserfahrung zu trennen. Ähnlich wie die „Fähigkeit zur Objektspaltung" hat dieser Schritt eine kognitive und eine emotionale Komponente. Um sich die eigene Sexualität und Liebesfähigkeit wieder anzueignen, kann die Einsicht hilfreich sein, daß im Mißbrauch und in der sexuellen Ausbeutung letztlich der Täter nur sich selbst mißbrauchen und ausbeuten kann. Dazu ist die metakognitive Differenzierung zwischen „Beteiligung" und „Verantwortlichkeit" notwendig. „Beteiligt" ist z.B. jedes Opfer einer Gewalttat, insofern es zum Tatzeitpunkt zumindest physisch anwesend ist. Darum ist es aber noch nicht „mitschuldig". Diese Differenzierung, auf einer verhaltensnahen Erfahrungsebene wie der Sexualität, überwindet erlernte Hilflosigkeit und fördert das Vertrauen in die eigene Selbstwirksamkeit („self-efficacy" im Sinne der sozialkognitiven Lerntheorie), wenn sie zum Resultat führt: Ich kann Wünsche äußern und aktiv handeln, bin aber nicht für alle Konsequenzen verantwortlich, die sich in der Folge meiner Handlungen ergeben können. Im Gegensatz zu dieser Differenzierungsleistung kann die in der Psychoanalyse verbreitete „Deutung" unbewußter Wünsche und Handlungsimpulse die magische Kopplung von Wunsch und Konsequenz, von Verhalten und Verhaltensfolgen (dem sexuellen Mißbrauch), unter der die Patientinnen leiden, unbeabsichtigt sogar noch verstärken. Hier bringt die übliche psychoanalytische Technik „Nebenwirkungen" hervor, die vom Therapieziel her dringend reflektiert werden müssen.

Das emotionale Differenzierungslernen ergibt sich aus einer „optimalen Differenz" von Arbeitsbündnis und Übertragungsbeziehung, wenn es der Patientin möglich wird, über sexuelle Wünsche und Phantasien zu sprechen oder solche Wünsche in bezug auf den Folgetherapeuten zu äußern, diesesmal im Rahmen einer sicheren Arbeitsbeziehung und ohne daß es zu einer Erotisierung der Beziehungssituation kommt und/oder der Therapeut voyeuristisch auf Mitteilung von „Einzelheiten" dringt. Im Zweifelsfall hat in den Therapien von sexuell traumatisierten Patienten die Stärkung von Selbsterleben und Selbstwirksamkeit Vorrang vor sog. kathartischen Erinnerungen, vor „reexperiencing" oder dem detaillierten Durcharbeiten der traumatischen Situationskonstellation. Ist die Reorganisation des Ich-Selbst-Systems genügend vorangeschritten, so traut die Patientin sich „von selbst" eine Konfrontation mit den bis dahin unannehmbaren (subjektiven und objektiven) Situationsfaktoren zu.

Nach dem Veränderungsschritt der Objektspaltung kann die Therapie beim PMT überwiegend in therapeutisch gewohnten Bahnen verlaufen. Falls die Patientinnen das Vertrauen in Psychotherapie wiedergewonnen haben, bestehen gute Chancen – so sind auch die Erfahrungen von Kluft (1989) –, die Ausgangsproblematik aufzuarbeiten und das klassische Ziel der Psychotherapie zu erreichen: die Fähigkeit zu lieben und zu arbeiten.

5. Juristische Gesichtspunkte

5.1 Welche rechtlichen Möglichkeiten haben Betroffene?

Bevor rechtliche Wege beschritten werden, sollten von den Betroffenen und ihren Folgetherapeuten bzw. Beratern einige wichtige Gesichtspunkte berücksichtigt werden. Die Motivation für solche Schritte kann sehr vielfältig sein. Ähnlich wie bei den weiter oben beschriebenen „processing-sessions" oder der „mediation" können mehr oder weniger bewußte Wünsche, die Beziehung aufrechtzuerhalten oder wiederaufzunehmen, eine wichtiger Motor solcher Bestrebungen sein. Solange diese virulent, die innere Bindung an den Ersttherapeuten noch sehr stark und die Selbstvorwürfe und Schuldgefühle noch überwältigend sind, wird das Verhalten der Betroffenen zu ambivalent sein, als daß sie zu diesem Zeitpunkt bereits sinnvoll und erfolgreich diese Wege beschreiten könnten. In der Zerrissenheit zwischen Selbst- und Fremdvorwürfen, Rachewünschen, Schuld- und Schamgefühlen ist der Impuls zu prozessieren oft einer inneren Unsicherheit verdankt. Die Patientinnen hoffen, durch einen eindeutigen Richterspruch Klarheit zu erlangen, vor allem darüber, wer für das Geschehen wirklich verantwortlich ist.

Diese Unsicherheiten sollten vor potentiellen Prozessen in ihren psychologischen Zusammenhängen geklärt sein, sonst wird das juristische Urteil quasi zum „Damoklesschwert", das über existentielle Fragen von Schuld und Verantwortung grundsätzlich entscheidet. Es soll eine Funktion erfüllen, die ihm nicht zukommt und der ein Gerichtsverfahren auch nicht gerecht werden kann. Der Freispruch eines Täters etwa mangels Beweisen, wird wie eine erneute tiefe Verletzung des Urvertrauens in die Verläßlichkeit der sozialen Welt erlebt und kann leicht in suizidale Krisen führen. Die inneren Konfusionen sollten deshalb erst einigermaßen aufgelöst, eine gewisse psychische Stabilität wiederhergestellt sein, bevor rechtliche Schritte eingeleitet werden.

Mögliche Schritte zu überlegen und u.U. vorzubereiten, hat sich allerdings fast immer als produktiv für die Verarbeitung der erlebten Ohnmacht und Hilflosigkeit erwiesen. Schon allein um die Verjährungsfrist einzuhalten und sich spätere Möglichkeiten offen zu halten, empfiehlt es sich, rechtzeitig rechtliche Beratung zu suchen, auch wenn sich die

Betroffenen zu diesem Zeitpunkt noch nicht vorstellen können, juristisch vorzugehen. Während des Verarbeitungsprozesses verändert sich die Einstellung zu rechtlichen Schritten oft erheblich. Herrschen zunächst Ängste, Schuldgefühle und Loyalitätskonflikte vor, so tritt später der Wunsch nach Gerechtigkeit, Anerkennung des Schadens, Wiedergutmachung, vor allem aber danach, andere Frauen vor einem ähnlichen Schicksal zu schützen, in den Vordergrund. Es kann dann sehr enttäuschend sein, wenn wegen Ablaufs der Verjährungsfrist keine Möglichkeiten mehr bestehen.

Bei allen Schritten, die gegen die Therapeuten unternommen werden, muß allerdings mit massiven Gegenangriffen gerechnet werden. Einstweilige Verfügungen, Verleumdungsklagen, indirekte und direkte Bedrohungen sind an der Tagesordnung. In diesem Zusammenhang sind die Erfahrungen der Oldenburger „Arbeitsgruppe gegen sexuelle Übergriffe und Machtmißbrauch in Therapie und Beratung", die Ache (1995) in ihrem Beitrag darstellt, sehr aufschlußreich.

Welche rechtlichen Wege können überhaupt beschritten werden?
Zivilrechtlich besteht die Möglichkeit, auf Schmerzensgeld, Schadensersatzforderungen wegen Behandlungsfehlern, Rückerstattung der Therapiekosten oder Übernahme der Kosten für die Folgetherapie zu klagen. Bei Zivilprozessen muß die Patientin die Vorfälle beweisen, was im Regelfall schwer ist, da Zeugen nicht anwesend waren und schriftliches oder anderes faktisches Beweismaterial meist fehlt. Jedenfalls die Routinetäter sind gerissen genug, um keinerlei „beweisbare Spuren" zu hinterlassen. Anders ist es, wenn sich mehrere Frauen zusammenfinden, die von demselben Therapeuten mißbraucht wurden. Infolge der Öffentlichkeitsarbeit und zunehmenden Vernetzung von Betroffenen und Fachkreisen ist dies in der letzten Zeit wiederholt der Fall gewesen.

Das hohe finanzielle Risiko, das mit einem Zivilprozeß verbunden ist, hat bislang viele Frauen davor zurückschrecken lassen. Die meisten von ihnen waren durch die Folgen des Therapiemißbrauchs wie Kosten der Erst- und Folgetherapie, Arbeitsunfähigkeit, Ehescheidungen etc. finanziell so schlecht gestellt, daß sie dieses Risiko nicht eingehen wollten, insbesondere bei unsicherer Beweislage.

Strafrechtlich besteht in Deutschland bisher die Möglichkeit, wegen Vergewaltigung, sexueller Nötigung, Körperverletzung, sexuellen Mißbrauchs Widerstandsunfähiger, Beleidigung oder Betrug zu klagen.

Bei Vergewaltigung muß körperliche Gewalt angewendet worden sein. Diese ist bei SÜP aufgrund der Machtverhältnisse und psychischen Einflußmöglichkeiten des Therapeuten in der Regel weder „notwendig" noch typisch. Wegen der psychologischen Macht des Therapeuten könnte man bei sexuellen Übergriffen in der Therapie zwar in gewissem Sinne von einer psychischen Vergewaltigung sprechen, allerdings wäre diese nur schwer unter den juristischen Begriff der Gewalt bzw. Drohung zu subsumieren.

Wenn die privaten und sexuellen Kontakte als psychotherapeutische Sitzungen abgerechnet wurden, besteht die Möglichkeit, daß die Kostenträger (Krankenkassen, Privatversicherungen oder die Patientinnen selbst) Anzeige wegen Betrugs erstatten. In der letzten Zeit ist es bereits zu einzelnen Verurteilungen auf dieser Grundlage gekommen.

Eine weitere Möglichkeit wäre, auf Widerstandsunfähigkeit (§ 179 StGB) zu klagen. Dies ist jedoch zumeist weder erfolgversprechend noch zu empfehlen. Der Begriff der Widerstandsunfähigkeit ist im Strafrecht nicht bezogen auf die besondere psychologische Widerstandsunfähigkeit, die psychotherapeutischen Beziehungen aufgrund des Machtungleichgewichts immanent ist, sondern ist im Strafrecht personal definiert (vgl. Ehlert-Balzer, 1992). In diesem juristischen Verständnis setzt Widerstandsunfähigkeit schwere psychische Störungen, die die Willensbildung oder -äußerung beeinträchtigen, voraus. Dazu gehören z.B. psychotische oder psychosenahe Störungen, zeitliche, örtliche Desorientierung, Bewußtlosigkeit, Drogen oder Hypnoseeinfluß u.ä. Dies liegt bei Psychotherapiepatienten in der Regel nicht vor. Ihre „Widerstandsunfähigkeit" dem Therapeuten gegenüber ist nicht in ihrer psychischen Störung, sondern strukturell in der spezifischen und für Psychotherapie notwendigen Beziehungsstruktur zwischen Patient und Therapeut begründet. Die Notwendigkeit, sich dem Therapeuten mit all seinen verwundeten und verwundbaren Anteilen anzuvertrauen in der Hoffnung, daß dieser seine Fachkenntnis zum Zwecke der Heilung einsetzt, schafft ein extremes Ungleichgewicht von Macht und Abhängigkeit. Ein solches Ungleichgewicht kommt in alltäglichen Beziehungen nur selten vor. Es ist zwar mit einer massiven psychischen „Widerstandsunfähigkeit" verbunden, die in erster Linie auf die Persönlichkeit bezogen dem strafrechtlichen Begriff jedoch nicht entspricht.

Klagen wegen Körperverletzung sind demgegenüber eher erfolgversprechend und wurden auch bereits wiederholt mit Erfolg durchgeführt.

Bei ihnen besteht allerding die Notwendigkeit, den kausalen Zusammenhang zwischen dem sexuellen Übergriff und den Folgeerscheinungen eindeutig nachzuweisen. Dieser Nachweis ist oft nicht leicht zu erbringen, da die Patientinnen ja schon vor Beginn der Therapie unter psychischen Störungen litten, sonst hätten sie die Behandlung gar nicht erst begonnen. Aufgrund der zunehmenden wissenschaftlichen Erkenntnisse im Bereich der Psychotraumatologie generell und des PMT im besonderen, wird dies in Zukunft leichter sein. Das Syndrom des PMT setzt sich aus spezifischen Folgeschäden zusammen, die sich deutlich von den Eingangssymptomen, deretwegen die Patientinnen die Therapie begannen, unterscheiden (Becker-Fischer & Fischer, 1995). Dennoch werden den Betroffenen psychologische Begutachtungen vermutlich nicht erspart bleiben, die schwere zusätzliche, kaum zumutbare Belastungen mit sich bringen können. Jerouschek (1992) schlägt einen anderen Weg vor, nämlich über die Mißhandlungsvariante (§ 223 StGB) die sexuellen Kontakte in psychotherapeutischen Beziehungen zu sanktionieren. Allerdings scheint dieser Weg bislang selten beschritten worden zu sein.

Aufgrund der offensichtlichen Lücke im Strafrecht bezüglich sexuellen Mißbrauchs in psychotherapeutischen Behandlungsverhältnissen will die Bundesregierung ein eigenes Strafgesetz für diese Fälle erlassen. Dieses Gesetz soll auf die Spezifität der psychotherapeutischen Macht- und Abhängigkeitsbeziehungen abheben, bei Unabhängigkeit vom jeweiligen Grundberuf des „Psychotherapieanbieters". Damit wird dem Umstand Rechnung getragen, daß es bekanntlich eine schwer überschaubare Gruppe von Personen gibt, die ohne jede fachliche Vorbildung vorgeben, seelisches Leiden durch „Psycho-Veranstaltungen", welcher Art auch immer, zu lindern. Für diese Fälle wäre ein strafrechtliches Vorgehen besonders wichtig, da berufsrechtliche Wege, auf die wir weiter unten eingehen werden, hier normalerweise nicht bestehen.

An welche Ansprechpartner außer den staatlichen Gerichten können sich Betroffene wenden? Je nach Grundausbildung, Therapieschule und Arbeitsverhältnis kommen die zuständige Kammer, der Berufsverband, der Therapieverband, der Arbeitgeber, die Krankenkasse oder, bei Heilpraktikern, das Gesundheitsamt als Ansprechpartner in Frage. Sollten sich die Betroffenen selbst einen solchen Schritt noch nicht zutrauen, ihn aber wünschen, so können sie z.B. ihre psychologischen Berater nur im Hinblick auf den Sachverhalt von der Schweigepflicht entbinden. Diese können dann, ohne den Namen der betroffenen Patientin zu nennen, ihrerseits der zuständigen Stelle den Vorfall zur Kenntnis bringen. In einigen Fällen hat sich im Zusammenhang mit derartigen Meldungen herausgestellt, daß schon weitere Übergriffe dieses Therapeuten bekannt waren. Dies erhöht die Glaubwürdigkeit der einzelnen und kann für die Betroffenen eine große Entlastung sein.

Zunächst einmal können an die jeweiligen *Therapieverbände* Beschwerden gerichtet werden. Grundsätzlich sind sich alle seriösen Therapierichtungen darin einig, daß private oder gar sexuelle Beziehungen zu Patientinnen und Patienten nicht „lege artis" sind und zu Schädigungen führen müssen. Zwar verfügen viele von ihnen noch nicht über ausdrückliche Ethikrichtlinien und eine ausgearbeitete Ehrengerichtsbarkeit, doch beginnt sich diese Situation in der letzten Zeit zu ändern. Die meisten psychologischen und psychotherapeutischen Fachverbände sind inzwischen dabei, Maßnahmen zu entwickeln, die geeignet sind, Mißbrauch in der Therapie effektiv einzudämmen. Verbandsvertreter treffen sich regelmäßig auf überregionaler Ebene zu diesen Fragen. Dennoch sind in Einzelfällen, und eher auf regionaler Ebene, vorurteilsvolle Reaktionen der Fachvertreter zu beobachten, wie wir sie oben als Eigenübertragungsreaktionen von Folgetherapeuten beschrieben haben. Die kollegenidentifizierte „blaming-the-victim"-Strategie ist hier sehr verbreitet. Entgegen allem Fachwissen über die realen Macht- und Abhängigkeitsverhältnisse in Psychotherapien wird der Patientin die alleinige oder zumindest eine Mitschuld zugesprochen.

Obwohl sich in vielen Fachverbänden Initiativen engagierter Mitglieder gebildet haben, die sich um eindeutige Ethikrichtlinien, Aufklärung und Fortbildung bemühen, sind die Möglichkeiten der Verbände doch begrenzt. Die schärfste Sanktion, die sie wegen sexueller Übergriffe und Machtmißbrauch in Therapie und Beratung aussprechen können, ist bekanntlich der Verbandsausschluß. Dieser muß für die Behandelnden von keiner besonderen Bedeutung sein und hat bezüglich seiner Möglichkeiten weiterzupraktizieren im allgemeinen keinerlei Konsequenzen. Häufig entziehen sich die betreffenden Therapeuten – wenn möglich – einer anstehenden Ehrengerichtsverhandlung, indem sie zuvor schon ihre Mitgliedschaft aufkündigen. Selbstverständlich können die Berufsverbände dem Therapeuten, sofern diesem an seiner Mitgliedschaft gelegen ist, Auflagen etwa im Sinne von Verpflichtungen zu Supervision, Selbsterfahrung, Eigentherapie machen oder Entschädigungen für die Betroffenen beschließen. Allerdings fehlt dann oft die Kontrolle, ob die Auflagen tatsächlich erfüllt werden. Hierfür sollte in den Verfahrensvorschriften ein unabhängiges Gremium vorgesehen sein, da sonst das Ehrengericht selbst zur Farce werden kann.

Daneben sind die Möglichkeiten von Therapieverbänden durch Interessenkollisionen – Kollision mit der Kollegialität, Schutz des eigenen Berufsstandes versus Schutz der Patientinnen – belastet, da stets Kolleginnen und Kollegen über Kolleginnen und Kollegen urteilen müssen. Nicht selten sind die Gruppen relativ überschaubar, und es bestehen zwischen den einzelnen Mitgliedern nicht nur berufliche, sondern auch persönliche Bekanntschaften. Unabhängigkeit der Entscheidungsgremien ist unter solchen Bedingungen kaum möglich, insbesondere, wenn es sich um Täter handelt, die in ihren Gesellschaften einflußreiche Positionen innehaben oder gar Mitglied der Ethikkommissionen sind. So sind die Fachverbände mit dem effektiven Schutz der Betroffenen vor sexuellem Mißbrauch durch ihre Mitglieder z.T. aufgrund mangelhafter Aufklärung und unzureichender Verfahrensvorschriften, z.T. aus strukturellen Gründen überfordert.

Zuständig für Beschwerden sind außer den therapeutischen bzw. psychologischen Fach- und Berufsverbänden die *Kammern*. Diese haben u.a. die Aufgabe, Mitglieder, die ihren Beruf nicht lege artis ausführen, die sich berufsschädigend oder gar schädigend für ihre Klienten verhalten, zur Rede zu stellen und ggf. gerichtliche Verfahren durchzuführen. Bislang betrifft dies, wie gesagt, nur die ärztlich vorgebildeten Psychotherapeuten. Für Diplompsychologen wäre der Erlaß eines Psychotherapeutengesetzes, eines Gesetzes, das den Zugang zu dem Beruf regelt, Voraussetzung für die Bildung einer solcher Kammer. Solange ein solches Gesetz fehlt, ist der Titel „Psychotherapeut" nicht geschützt – ein Zustand, der dringend, gerade im Interesse des Schutzes der Psychotherapieverbraucher, veränderungsbedürftig ist. Die Unklarheiten und das vielfältige, schwer durchschaubare Psychotherapieangebot trägt dazu bei, daß Patientinnen und Patienten nicht wissen, welche Therapeuten anerkannte Ausbildungen durchlaufen haben und wie sie zwischen seriösen und unseriösen Therapiemethoden unterscheiden sollen.

Kammern haben die Möglichkeit, bei begründetem Verdacht mißbräuchlichen Verhaltens dafür zu sorgen, daß dem Therapeuten Auflagen gemacht werden oder vorübergehend bzw. endgültig die Berufszulassung entzogen wird. Damit können sowohl Patientinnen und Patienten geschützt als auch die Täter effektiver abgeschreckt werden, als durch die beschränkten Möglichkeiten der Therapieverbände. In der letzten Zeit sind auch bei den Ärztekammern unseres Wissens mehrere Fälle gemeldet worden. Noch 1992 gab die Bundesärztekammer an, nur von zwei Fällen in den vergangenen zehn Jahren Kenntnis bekommen zu haben (Dokumentation des Bonner Hearings, 1992). Auch hier scheint noch Aufklärungsarbeit notwendig, damit Meldungen ernst genommen und mit angemessener Sensibilität den Traumatisierten gegenüber verfolgt werden. Es müßte ja gerade im Interesse „heilender" Berufsstände liegen, dafür zu sorgen, daß Mitgliedern, die kranke Menschen mehr oder weniger bewußt noch zusätzlich schädigen, ihre Berufserlaubnis entzogen wird. Zwar besteht selbst dann noch die Möglichkeit, als „Psychotherapeut" weiterzuarbeiten, da eben dieser Titel noch nicht gesetzlich geschützt ist – dann allerdings ohne Kassenzulassung.

Überspitzt formuliert, kontrollieren derzeit in einem vordemokratischen Lizenzierungssystem, wie es in der Bundesrepublik Deutschland immer noch besteht, die potentiellen Täter sich selbst. Verurteilungsquoten bei den Ehrengerichten und auch Sanktionen, die die Ärztekammern aussprechen, sind dementsprechend gering. In Freiburg duldet die Ärztekammer sogar, daß ein wegen Vergewaltigung einer Patientin zu fünf Jahren Haft verurteilter Psychotherapeut weiter praktiziert, nachdem er drei Jahre abgesessen hat. Irgendwelche Kontrollen oder Rehabilitationsmaßnahmen wurden unseres Wissens nicht durchgeführt. Solche spektakulären Fälle gehen nicht unbedingt auf das Versagen einzelner Kontrollgremien zurück, sondern liegen in einem System begründet, das der Selbstkontrolle und dem Selbstschutz der Berufsgruppe höheren Rang und größeren Stellenwert einräumt, als dem Schutz und den Kontrollmöglichkeiten der Verbraucher.

Im Spektrum der zuständigen Organisationen und Verbände haben die *Krankenkassen* eine wichtige Funktion bei der Kontrolle von Kunstfehlern und verantwortungslosem Verhalten wie sexuellen Übergriffen in der Psychotherapie. Sie sind die Institution, die im Gesundheitssystem aufgerufen wäre, die Interessen ihrer Kunden, der Patientinnen und Patienten als den „Endverbrauchern", angemessen zu vertreten. In einigen Fällen hat sich bereits eine erfolgreiche Koalition zwischen betroffenen Patientinnen und der Krankenkasse hergestellt. Uns sind mehrere Fälle bekannt, in denen die Krankenkassen den mißbrauchenden Psychotherapeuten wegen Betrugs verklagt haben. Die Patientinnen sind dabei als Nebenklägerinnen aufgetreten, und die Therapeuten konnten verurteilt werden. Auch kann es sein, daß die Kasse bereits von anderen Übergriffen dieses Therapeuten Kenntnis bekommen hat, was die Glaubwürdigkeit der einzelnen Aussagen und die Dringlichkeit des Einschreitens untermauert. Bei diesem Vorgehen erleichtert die Dokumentationspflicht der Psychotherapeuten die Urteilsfindung. Psychotherapeuten sind verpflichtet, die wesentlichen Etappen des Therapieverlaufs sorgfältig zu dokumentieren, u.a. um bei einem sich bietenden Anlaß nachweisen zu können, daß die Behandlung kunstgerecht durchgeführt worden ist und keine Verstöße gegen Behandlungsregeln vorliegen. In diesem rechtlichen Rahmen trägt der Therapeut die Nachweispflicht, er hat die Beweislast für die lege artis Ausführung seiner Psychotherapie. Kann er diesen Beweis nicht anhand geeigneter Aufzeichnungen erbringen, so ist selbstverständlich der Mißbrauch noch nicht positiv nachgewiesen. Zumeist aber liegen in diesem Verfahren so viele detaillierte Anhaltspunkte vor, die von Therapeut und Patientin konsensuell einvernehmlich bestätigt werden, daß Aussagen von Patientinnen über den Therapieverlauf bis hin zu sexuellen Übergriffen in einen sehr viel dichteren Faktenrahmen eingebunden und somit leichter überprüft werden können.

5.2 Vorbeugende Wirkungen rechtlicher Regelungen

Wir haben gesehen, daß die Patientinnen unter den sexuellen Übergriffen durch ihre Psychotherapeuten sehr leiden und daß dieses Leiden aus verschiedensten Gründen sowohl auf seiten der Patientinnen als auch der Folgetherapeuten nicht immer leicht, aber doch heilbar ist. Ebenso dringend wie nach angemessener Hilfe stellt sich die Frage danach, welche Möglichkeiten es gibt, sexuellem Mißbrauch in psychotherapeutischen Behandlungen vorzubeugen. Welche Bedeutung kommt angemessenen rechtlichen Regelungen bezüglich sexueller Übergriffe und mißbräuchlichen Ausnutzens der Macht durch Psychotherapeuten zu? Wieweit sind angemessene berufs-, zivil- und. strafrechtliche Normen bzw. Sanktionsmöglichkeiten dazu geeignet, sexuelle Ausbeutung von Psychotherapiepatienten und -patientinnen einzudämmen?

Durch ihre aufklärende Wirkung auf die Öffentlichkeit, insbesondere auf Menschen, die möglicherweise Psychotherapie in Anspruch nehmen wollen oder bereits in Behandlung sind, haben Gesetze immer auch eine vorbeugende Funktion. Sie stellen klar, was Recht und Unrecht ist, wann z.B. in sträflicher Weise Abhängigkeiten zu eigenen Zwecken ausgenutzt werden.

Aber können gesetzliche Regelungen, Strafandrohungen und Strafen potentielle Täter davon abhalten, ihre Patientinnen auszubeuten? Können sie Wiederholungen verhindern? Dies sind sehr wichtige, aber ebenso schwierige Fragen, die um Zusammenhang mit Sexualstraftätern generell in Wissenschaft und Politik immer wieder heftig diskutiert werden, ohne daß bislang allerdings zufriedenstellende Antworten gefunden werden konnten. Bei den mißbrauchenden Therapeuten müssen wir nach allen bisherigen Erkenntnissen zwischen zwei Gruppen unterscheiden (s. Kap. 2): den uninformierten Naiven bzw. denen, die vorwiegend aufgrund massiver situativer Belastungen die therapeutischen Grenzen überschreiten. Bei diesen nicht allzusehr gestörten Täterpersönlichkeiten kann damit gerechnet werden, daß sie bei bestehenden existenzbedrohenden rechtlichen Konsequenzen vor sexuellen Kontakten mit ihren Patientinnen zurückschrecken werden. Wieweit solche Regelungen jedoch auch die schwer gestörten Täter mit impulsiven, soziopathischen oder narzißtischen Charakterstörungen, mit psychotischen oder Borderlinestörungen erreichen und abschrecken, ist fraglich. Da sie in der Regel weder in der Lage sind, den Unrechtscharakter ihres Tuns einzusehen, noch dieses überhaupt als ein Problem betrachten, ist die Wahrscheinlichkeit, daß die gesetzlichen Bestimmungen Einfluß auf ihr Handeln haben, nicht sehr groß.

Ähnlich ist es mit rehabilitativen Maßnahmen für die betreffenden Therapeuten. Wie aus den Täterklassifikationen ersichtlich, ist es keineswegs selbstverständlich, daß alle Therapeuten von Rehabilitationsprogrammen profitieren. In den USA wurden insbesondere von Schoener und seinem Team differenzierte Rehabilitationspläne entwickelt und durchgeführt (Schoener, 1989; Schoener & Gonsiorek, 1989; Gonsiorek, 1989). Die Meinungen über die Effizienz von Rehabilitationsmaßnahmen sind kontrovers, insbesondere wenn diese nicht gründlich kontrolliert werden. Bestrebungen, den Therapeuten dabei behilflich zu sein, sich wiedereinzugliedern und in ihren Beruf zurückzukehren, steht das Interesse, „Psychotherapieverbraucher" zu schützen, gegenüber. Pope (1990) geht davon aus, daß aufgrund der Rückfallquote, die von amerikanischen Berufshaftpflichtversicherern der American Psychological Association (APA) und Holroyd und Brodsky (1977) sowie Pope (1989) auf 80 % geschätzt wird, die Rehabilitationschancen gering sind. Obwohl sich diese Schätzungen nicht nur auf Fälle beziehen, in denen Rehabilitationsprogramme tatsächlich durchgeführt worden sind, hält Pope die Aussichten auf Erfolg dieser Maßnahmen für minimal und sieht es als fraglich an, ob die Therapeuten jemals wieder praktizieren sollten.

Ein weiteres Problem der Rehabilitationsprogramme besteht darin, wieweit „informed consent" der Patientinnen, die von Ex-Tätern später im Rahmen von Rehabilitationsprogrammen behandelt werden, gesichert ist, d.h. ob diese vor Behandlungsbeginn wirklich hinreichend darüber aufgeklärt werden, daß dieser Therapeut zuvor Patientinnen sexuell mißbraucht hat, und welche Folgen derartige Grenzüberschreitungen möglicherweise haben können. Entsprechendes wird in den Ethikrichtlinien der APA ausdrücklich gefordert. Diese Patientinnen sind dem Risiko ausgesetzt, schwer geschädigt zu werden. „...Patientinnen, die von einem Therapeuten behandelt werden, der früher mißbraucht hat, sind in einer ähnlichen Lage wie Teilnehmerinnen eines potentiell gefährlichen Experimentalprogramms" (Strasburger et al., 1992, S. 553). Aus diesem Grunde plädiert Pope dafür, daß die psychologische Profession überkommene Widerstände gegen die Sammlung und Veröffentlichung von Informationen über Rehabilitationsversuche aufgeben solle.

Gabbard (1992) schätzt die Erfolgsaussichten von Rehabilitationsmaßnahmen aufgrund seiner Erfahrungen aus Therapien mit Tätern erheblich optimistischer ein. Die leichter gestörten Therapeuten seien durchaus rehabilitierbar. Zu ihnen rechnet er die seiner Auffassung nach größte Gruppe der „Liebeskranken" und die masochistischen Störungen. Auch Schoener hält Rehabilitationsprogramme in gewissen Fällen für erfolgreich, allerdings betont er, diese dürften sich nicht allein auf Therapie beschränken. Spezielle Rehabilitationskriterien, zu denen darüber hinaus berufliche und therapeutische Trainingsprogramme gehören, müßten genau kontrolliert und in jedem Stadium überprüft werden, bevor die Wiedererlaubnis zum Praktizieren gegeben werden könne (Schoener, in press; vgl. zu dieser Diskussion auch Menninger, 1991; Gartrell et al., 1989; Pope, 1989, in Gabbard; Gonsiorek, 1987).

6. Aufklärung der psychotherapeutischen Berufsgruppen und Folgerungen für die Ausbildung

Daß ein nicht geringer Anteil der Täter unter schweren Persönlichkeitsstörungen zu leiden scheint und bei anderen Naivität oder Belastungssituationen zu Grenzüberschreitungen führen, wirft die Frage auf, wieweit nicht die Therapieschulen vorbeugende Maßnahmen ergreifen könnten und sollten. Bessere Aufklärung und Ausbildung etwa sowie genauere Auswahl angehender Psychotherapeuten müßten doch zu einer Reduktion dieses Mißstandes führen.

6.1 Hinweise auf Schwachstellen der verschiedenen Therapierichtungen

Zunächst zu der Frage, ob es in den Konzepten der verschiedenen Therapieverfahren evtl. Schwachstellen gibt, die für Mißbrauch besonders anfällig machen oder Rechtfertigungen für dieses Verhalten liefern? Sollte dies der Fall sein, so müßten diese Erkenntnisse gezielt in die Aus- und Weiterbildung der Schulen einbezogen werden.

Einen ersten Eindruck von therapieschulenspezifischen Einstellungen vermitteln die Begründungen, die mißbrauchende Therapeuten den Patientinnen der Freiburger Untersuchung für den Vorfall gaben in der Absicht, den sexuellen Übergriff zu legitimieren.

Die meisten Therapeuten gaben, über alle Therapierichtungen hinweg, den Mißbrauch als therapeutische Maßnahme aus. Neuerdings können sie sich dabei auf das oben erwähnte Buch von PintÈr (1995) berufen. An zweiter Stelle standen Schuldzuweisungen an die Patientin oder der Hinweis auf das Schicksal.

Tabelle 4: Keine Schuldgefühle: Begründung (B3V15) [*]		
	Frequency	Valid Percent
Schuld der Pat.	11	22,4
Schicksal ist schuld	9	18,4
Vorf. therapeutisch	12	24,5
Gefühlslage des Thp.	5	10,2
Leugnung des Vorfalls	2	4,1
agieren ohne Reflexion	4	8,2
Sonstiges	6	12,2
Total	49	100,0
12 (9,7%) Missing		

(Zitiert aus Becker-Fischer und Fischer, 1995)

Typische Begründungen für die Schuldzuweisung fanden sich vor allem in der psychoanalytischen Richtung: „Opfer finden immer ihren Täter"; „Du hast mich provoziert". Eine interessante Besonderheit zeigen die „Freudianer". Während fast alle Therapeuten anderer Richtungen keinerlei Schuldgefühle erkennen ließen, nahmen bei ungefähr der Hälfte der „Freudianer" die Patientinnen Schuldgefühle wahr. Allerdings führten diese nicht zu Reaktionen des Bedauerns oder gar Entschuldigungen, sondern wurden an die Patientinnen delegiert mit Kommentaren wie „andere Verstöße von Therapeuten sind erheblich schlimmer"; „du bist eben als Kind zuwenig geschlagen worden"; „du hast mich da hineinmanövriert"; „das ist alles nur passiert, weil du nicht liebesfähig bist". Ein analytischer Therapeut, der in einem Wutanfall seiner Patientin die Brille zerschlagen und sie schwer verletzt hatte, teilte ihr mit, es habe sich dabei um eine „projektive Identifikation" gehandelt. Dieses Konzept aus der Schule von Melanie Klein scheint sich für die Vertuschung von Verantwortlichkeiten besonders gut zu eignen und sollte daher auch in Ausbildungsgängen unter diesem Gesichtspunkt diskutiert werden. Es impliziert die Vorstellung, daß ein Patient Teile seiner inneren Beziehungsmodelle auf eine andere Person, in diesem Falle auf den Therapeuten „projiziert", ihn veranlaßt, sich diesen Tendenzen gemäß zu verhalten, und sich dann mit dem Therapeuten identifiziert, um so indirekt an eigenen Wünschen und Handlungstendenzen, die nun aber der Therapeut austrägt, zu partizipieren. Therapeuten, die mit diesem Konzept arbeiten,

114

können damit natürlich die Verantwortung für ihr Verhalten der Patientin zuschieben. Sie haben dann nur „stellvertretend" für die Patientin deren Wünsche ausagiert.

In eine ähnliche Falle führt der Begriff der Gegenübertragung, wenn man ihn so versteht, daß der Therapeut hier nur reaktiv auf die Übertragung des Patienten antwortet. Dann liegt immer die Initiative, wenn auch vielleicht nur unbewußt, bei der Patientin. Wie einflußreich diese doch sehr einseitige Denkweise noch bei vielen Psychoanalytikern ist, kann das Beispiel des ehemaligen Vorsitzenden einer der großen deutschen psychoanalytischen Vereinigungen verdeutlichen, der einem Kollegen, dessen Frau von einem Verbandsmitglied mißbraucht worden war, riet, die Angelegenheit doch „psychoanalytisch" zu betrachten. Auf Nachfrage berief er sich auf einen Psychoanalytiker aus der Schule Melanie Kleins, nämlich Bion, dessen Konzepte er über alles schätzte. Bion habe den Begriff der „identifikativen Projektion" geprägt, und das genau sei der Mechanismus, der hier vorliege.

Der Denkfehler dieser Konzepte, der keineswegs nur unter Psychoanalytikern verbreitet ist, besteht darin, die Wechselseitigkeit auszuklammern, die für alle zwischenmenschlichen Beziehungen charakteristisch ist (zur dialektischen Struktur von Wechselseitigkeit in der Sozialpsychologie vgl. Fischer 1981 und 1993). Um zu betonen, daß auch Übertragung und Gegenübertragung wechselseitige und nicht einseitige Prozesse sind, wurde kürzlich das Konzept der „Eigenübertragung" (Heuft, 1990) vorgeschlagen. Dieses macht darauf aufmerksam, daß der Therapeut eigene Übertragungsmuster an den Patienten, die Patientin heranträgt und daß diese wiederum auf die Eigenübertragung des Therapeuten reagieren. So bezeichnet ein Konzept wie „projektive Identifizierung" eigentlich nur Ausschnitte einer komplexen, wechselseitigen Beziehungskonfiguration, an deren Ausprägung der Therapeut stets beteiligt ist. Werden zwischenmenschliche Phänomene mit „monadologischen" Begriffen beschrieben wie etwa Projektion oder Introjektion (die Monade verlagert etwas nach außen oder zieht es sich nach innen herein), so kann diese Begriffswahl das Verständnis der unbewußten Beziehungsdynamik sehr erschweren. Wird der Therapeut von der Patientin unbewußt zum Übergriff manipuliert, so trägt er ja nicht allein die Verantwortung. Zwar hat er vielleicht die „Projektion", die Übertragungstendenz nicht rechtzeitig erkannt und mitagiert, aber „die schwierige Patientin hat ihn halt dazu gebracht". Eine Mitbeteiligung und

Mitschuld der Patientin an dem Vorfall ist für Therapeuten, die in monadologischen Begriffen denken, sozusagen das Mindeste, das der „Gerechtigkeit" wegen festzuhalten ist.

Eine derartige „konzeptkonforme" Einstellung kann sich wiederum sehr lähmend auf die Klärung von Fällen sexuellen Mißbrauchs auswirken. Die Frage ist ja dann nur noch, etwas überspitzt formuliert: Wer hat was auf wen projiziert oder was von wem introjiziert usf. Wenn der Therapeut sich eingesteht, daß er kein leerer Bionscher „Behälter" ist, sondern grundsätzlich auch eigene Wünsche und Probleme in die therapeutische Beziehung einbringt, eben eigene „Übertragungen", die ihrerseits die Patientin beeinflussen, können Verwicklungen und therapeutische Mißallianzen früher erkannt und analysiert werden.

Zur Prävention von sexuellem Mißbrauch ist es dringend wünschenswert, daß in der psychotherapeutischen Ausbildung auch über sexuelle Wünsche gegenüber Patient(inn)en gesprochen werden kann und diese nicht nur reaktiv als „Gegenübertragung", Folgen von „projektiver Identifikation" oder „identifikativer Projektion" usf. verstanden bzw. abgewehrt werden müssen. In diesem Zusammenhang sind die oft sehr rigiden, unoffenen Einstellungen, z.B. eine fast inhuman strenge und starre „Abstinenzhaltung", die keinerlei situative oder fallbezogene Flexibilität duldet, ebenso zu diskutieren wie die wenig durchschaubaren Entscheidungsstrukturen in psychoanalytischen Ausbildungsinstituten (vgl. Kruschitz, 1995). Sie können daneben aber auch Spaltungen in den ehrbaren, strengen, in Ethik- und Ausbildungskommissionen engagierten Analytiker einerseits und den sexuell mißbrauchenden andererseits fördern.

Eine besonders verwirrende Reaktion der Therapeuten ist die Leugnung des Vorfalls selbst. Das Ereignis wird zur Phantasie der Patientin erklärt. Diese Variante findet sich in unserer Untersuchung bei zwei tiefenpsychologisch ausgerichteten Therapeuten der Jungschen Schule und einem Adlerianer. Einen dieser Therapeuten zitierte seine Patientin folgendermaßen: „Das hast du dir nur eingebildet, es ist nicht beweisbar, ich kann ja einfach den Spieß umdrehen". Ein Therapeut, der den Vorfall nicht nur nach außen hin, sondern auch gegenüber der Patientin abstreitet, stellt damit ihren Realitätssinn in Frage und erzeugt bei ihr eine intensive, evtl. bis ins Psychotische reichende Verwirrung. Diese Verwirrung kann dann wiederum von Ehrengerichten und Kommissionen als Beweis für eine Psychose der Patientin gewertet werden. Die häufigste „Diagnose", zu denen in solchen Fällen gegriffen wird, ist „Paranoia". Patientinnen, die Ungewöhnliches berichten und dabei verwirrt erscheinen, werden als „paranoid" eingestuft.

Verhaltenstherapeuten geben den Übergriff vorwiegend als therapeutisch notwendige Maßnahme aus, ohne die der erwünschte Fortschritt nicht zu erzielen sei. Sie scheinen sich, wie wir aus unseren Interviews mit Betroffenen entnehmen konnten, auf objektive Sachverhalte und Verhaltensweisen zu beziehen und die mit dem Mißbrauch verbundene Gefühlsproblematik eher auszublenden. Typische Beobachtung einer Betroffenen: „Der Therapeut sagt, ich müsse lernen, mich zu öffnen. Er begründete es damit, daß dies auch zur Therapie gehöre und eine 'Ehre' für mich sein müßte. Zu den analen Vergewaltigungen sagte er, daß ich ruhig schreien könne, daß, solange ich nichts Gutes dabei empfinden könne, ich eben Schmerz spüren müsse; er tat so, als wäre alles ganz normal; es wurde überhaupt nicht darüber gesprochen." Bei der Inhaltsanalyse haben die Rater der Untersuchung eine Kategorie „wortloses Agieren" gebildet. In dieser ergab sich für Verhaltenstherapeuten die höchste Besetzungsfrequenz.

Bezieht man diese sich abzeichnende Tendenz auf Konzepte der Verhaltenstherapie, so könnte ein präventiver Bedarf darin bestehen, in der Ausbildung den Umgang mit Gefühlen stärker zu betonen und vor allem auch die gefühlshafte Seite der Therapeut-Klient-Beziehung systematisch einzubeziehen. Manchmal werden verhaltenstherapeutische Techniken eingesetzt, damit die Behandelnden über Beziehungsprobleme und eigene Gefühlsanteile nicht nachdenken müssen. Eine wirksame Selbstkontrolle können Therapeuten allerdings nur dann gewährleisten, wenn sie die eigenen Gefühle, Phantasien und Handlungsimpulse, kurz ihre „Eigenübertragung", wahrnehmen können. Ohne differenzierte Selbstwahrnehmung entbehren Techniken der Selbstkontrolle und Selbstinstruktion ihrer Wirkungsgrundlage.

Bei der Verhaltenstherapie bestehen möglicherweise auch Unklarheiten über die Gültigkeit der Abstinenzregel, gerade im Bereich der Abstinenz von Privatkontakten bis hin zu intimen Beziehungen. Darauf deuten die Ergebnisse einer Befragung von 143 Verhaltenstherapeuten und -therapeutinnen hin, die Arnold und Retsch (1991) durchgeführt haben. Patient(inn)en zu einer Tasse Kaffee einzuladen oder eine solche Einladung anzunehmen, hielten rund 90 % der Befragten für vertretbar, Einladungen zu privaten Feiern oder gemeinsamem Abendessen etwa 2 /3 von ihnen. Patient(inn)en mitzuteilen, daß man sie sexuell begehrt, hielten rund 24 % für vertretbar, sexuelle Kontakte zu Patient(inn)en 10%. Zu ehemaligen Patient(inn)en sexuelle Beziehungen aufzunehmen empfanden hingegen sehr viele, nämlich 63 %, als ethisch unbedenklich. Bei diesen Ergebnissen ist allerdings zu bedenken, daß die Untersuchung inzwischen sicher fünf Jahre zurückliegt. Damals war die Diskussion in der Fachöffentlichkeit über Fragen der Grenzen in psychotherapeutischen Beziehungen noch relativ selten. Es ist zu vermuten, daß die Antworten heute bereits anders ausfallen würden. Dennoch weisen die Befunde darauf hin, daß in der Verhaltenstherapie die Gefahr besteht, sich der Besonderheit der therapeutischen Beziehung neben der Therapietechnik nicht hinreichend bewußt zu sein.

Die Szenarios der sexuell mißbrauchenden humanistisch orientierten Therapeuten bieten ein gemischtes Bild. Teils betonen die Therapeuten noch sehr viel strikter als die Psychoanalytiker die Eigenverantwortung der Patientin, teils pflegen sie einen Kult der Spontaneität und Authentizität. „Ich hätte sagen müssen, wie ich die Situation empfinde, er hätte nichts gewußt"; „Ich hätte es ja selbst gewollt, er hätte gedacht, die sexuelle Beziehung wäre gut für die Therapie"; „Er habe sich eben angezogen gefühlt, mich begehrt"; „Er habe sehen wollen, was zwischen uns wachsen könne, hielt das für normal"; „Das Schicksal habe uns füreinander bestimmt, wahre Liebe kenne keine Grenzen", sind typische Zitate der Betroffenen aus der Freiburger Untersuchung.

Sollmann, nach eigenen Angaben Körpertherapeut und diplomierter Sozialwissenschaftler, berichtet, daß sexuelle Kontakte zwischen Ausbildern und Auszubildenden in den Anfangsjahren der humanistischen Therapieverfahren allgegenwärtig waren. „Dabei besinne ich mich auf unsere ‘Väter’ und ‘Mütter’, die therapeutischen Ausbildungseltern. Heute international bekannte TherapeutInnen. Es herrschte damals eine freizügige, lockere Atmosphäre. Es war beinahe selbstverständlich, daß anerkannte TrainerInnen und LehrtherapeutInnen mit AusbildungskandidatInnen ins Bett gingen. Ethische Richtlinien und Themen wie sexuell-therapeutischer Mißbrauch waren zu jener Zeit in der Regel belächelte Fremdworte" (Sollmann, 1994, S. 191).

Auch von körpertherapeutisch arbeitenden Mißbrauchern werden die sexuellen Übergriffe gern behandlungstechnisch begründet. „Er erklärte, daß Atemübungen, Reflexzonenmassage und Körpermassage zur Therapie gehören würden; schließlich meinte er im Rahmen der Ganzkörpermassagen, daß es wohl in Scheidennähe eine Schranke gäbe und diese direkt massiert werden müßte; auf diese Weise würden meine Probleme sehr viel schneller besser werden" (Zitat aus der Freiburger Untersuchung).

Insbesondere für körpertherapeutisch orientierte Therapieverfahren ist eine Auseinandersetzung mit und genaue Klärung von therapeutischen Grenzen präventiv von entscheidender Bedeutung. In der letzten Zeit haben in Reaktion auf einige spektakuläre Fälle intensive fachinterne Diskussionen zu diesem Thema stattgefunden.

6.2 Therapieschulenübergreifende Gesichtspunkte

Abgesehen von möglichen therapieschulenspezifisch bedingten Unklarheiten im Umgang mit therapeutischen Grenzen sollte dieses Thema generell in alle Ausbildungscurricula aufgenommen, gründlich diskutiert und in der Supervision besonders aufmerksam beachtet werden.

Dasselbe gilt für sexuell-erotische Gefühle der Therapeuten selbst. Hier scheint relativ therapieschulenübergreifend eine große Scheu zu bestehen, diese z.B. in Fallbesprechungen überhaupt zu thematisieren. Wie groß die Unsicherheiten in diesem Bereich sind, geht z.B. aus der oben genannten Befragung von Arnold und Retsch (1991) hervor. Über ein Drittel der Befragten hatte sich schon einmal in eine Patientin oder einen Patienten verliebt. Diesen stand ein Viertel der Kolleg(inn)en gegenüber, das solche Gefühle für absolut unethisch hielt. Auch die Autorinnen sehen darin einen Hinweis auf die heftigen Tabus, die in diesem Bereich noch wirksam sind.

Pope et al. (1986) bezogen in ihre breit angelegte Befragung, an der sich Arnold und Retsch orientierten, die Gefühle der Therapeuten hinsichtlich ihrer Verliebtheit mit ein. Erheblich mehr als in der deutschen Befragung, nämlich 95 % der männlichen klinischen Psychologen und 80% der weiblichen gaben in dieser amerikanischen Untersuchung an, sich von Klienten oder Klientinnen schon sexuell angezogen gefühlt zu haben. 66 % von ihnen hatten deswegen Schuldgefühle, Angst und waren verwirrt. Fast ein Viertel behandelte diese Verliebtheitsgefühle wie ein „dunkles Geheimnis". Daß nur 9 % ihre Ausbildung und Supervision hinsichtlich dieser Fragen für angemessen hielten, spricht eine deutliche Sprache. Gerade Therapeuten, die sexuelle Gefühle ihren Patienten und

Patientinnen gegenüber verleugnen, sind gefährdet, schließlich die Grenzen zu überschreiten. In einer psychodynamisch orientierten Analyse sexuellen Ausagierens in der Therapie gelangt Dujovne (1983) zu dem Schluß, daß häufig ein fundamentales Mißverständnis zugrunde liege. Entweder hielte der Therapeut sexuelle Gefühle Patienten und Patientinnen gegenüber für unüblich oder er verstünde nicht, daß sexuelle Wünsche der Patienten bzw. Patientinnen für andere unbewußte Inhalte ständen, z. B. Widerstandscharakter hätten, Wiederholungen von sexuellem Mißbrauch in der Kindheit darstellten oder der Abwehr von Feindseligkeit, Neid, Masochismus dienten. Ähnlich würden mit dem sexuellen Ausagieren vom Therapeuten in der Regel Unzulänglichkeitsgefühle, sadistische und Machtimpulse, immer allerdings, wegen der Sabotage des Therapieerfolgs und dem Risiko des Berufsverlusts, masochistische Anteile abgewehrt.

Therapieschulenübergreifend ist ein erheblicher Mangel, wenn nicht gar eine vollständige Lücke in der Behandlung des Themas narzißtisch-sexuellen Machtmißbrauchs in Therapien festzustellen. Eine verbesserte Aufklärung ist dringend erforderlich. Diese sollte die Einstellung zur Glaubwürdigkeit von Patientenaussagen einbeziehen. Forensisch-psychologische Untersuchungen haben ergeben, daß nur etwa 5 % der Anklagen, die gegen Psychotherapeuten wegen sexuellen Mißbrauchs ihrer Patientinnen vorgebracht worden sind, auf fehlerhaften Angaben beruhen. In 95 % der Fälle treffen diese Angaben zu (vgl. Schoener & Milgrom, 1989; Pope & Vetter, 1991). Der vor allem von Psychoanalytikern verbreiteten Unterstellung, daß diesen Aussagen die Enttäuschung ödipaler Wunschphantasien der Patientinnen zugrunde lägen, muß mit weit größerer Skepsis, als bislang üblich, begegnet werden.

Wir wollen in diesem Zusammenhang auch auf eine qualitativ zureichende Verlaufsdokumentation von Psychotherapien als prophylaktisches Mittel hinweisen. Wenn Psychotherapeuten ihre Arbeit stärker als bisher als eine angewandte Forschungs- und Untersuchungstätigkeit verstehen, werden sie auch dahin kommen, ihre therapeutischen Erfahrungen und Beobachtungen genauer zu diskutieren, um im Laufe ihrer therapeutischen Karriere immer weitere Regelhaftigkeiten psychotherapeutischer Veränderungsprozesse herauszufinden. Diese Forschungsorientierung der praktischen Tätigkeit hat unseres Erachtens einige mißbrauchsprophylaktische Aspekte. Zunächst liegen bessere Verlaufsdokumentationen vor, die in eventuellen ehrengerichtlichen oder auch gerichtlichen Verfahren zur Grundlage für die Bewertung eines lege artis durchgeführten Therapieprozesses herangezogen werden können. Zum anderen ist die Forschungseinstellung sehr viel stärker an den klinischen Phänomenen orientiert und mit der egozentrischen Mißbrauchshaltung, die der Ausnutzung des therapeutischen Abhängigkeitsverhältnisses zugrunde liegt, weniger vereinbar als der bisher praktizierte klinische Intuitionismus, der geeignet war, Allmachts- und Allwissenheitsphantasien beim Therapeuten zu nähren.

Bislang haben nur wenige, fortschrittliche Verbände – dank des Engagements überwiegend weiblicher Mitglieder – die Thematik in ihr Curriculum aufgenommen und Fortbildungsveranstaltungen dazu durchgeführt. Die DGVT hat sogar ein Ausbildungsmanual veröffentlicht (Vogt & Arnold, 1993). Dies ist allerdings noch eine Seltenheit.

Bedenkt man die oben genannten recht abenteuerlichen Begründungen der grenzüberschreitenden Therapeuten, so geht aus ihnen, selbst wenn sie teilweise auch „wider besseren Wissens" abgegeben sein mögen, doch eine krasse Unwissenheit über therapeutische Grenzen und Folgen von Grenzüberschreitungen hervor. Der gesamte Themenbereich inklusive berufsethischer Grundsätze sowie der traumatischen Auswirkungen (PMT) muß in die Ausbildungsgänge aufgenommen und in Fortbildungsveranstaltungen ausführlich behandelt werden.

Nicht nur sexuelle Gefühle Patienten und Patientinnen gegenüber scheinen professionellen Tabus zu unterliegen, sondern auch persönliche Probleme und Krisen. Gerade Psychotherapeuten scheuen sich oft, eigene Schwierigkeiten untereinander zu besprechen, als forderten sie als „Fachleute" von sich absolute Problemlosigkeit. Viele mögen aus Angst vor Brüchen der Vertraulichkeit und daraus resultierenden beruflichen Schwierigkeiten davon Abstand nehmen, bei Kollegen Hilfe zu suchen. Da aus allen diesbezüglichen Untersuchungen hervorgeht, daß ein recht erheblicher Teil der Therapeuten zur Zeit der Grenzüberschreitungen heftige persönliche Krisen zu bewältigen hatten, sind die Berufsverbände aufgefordert, diesen Problemen mehr Beachtung zu schenken und Hilfen anzubieten. Eine offenere, persönlichere Atmosphäre in den regionalen Gruppen könnte es vielen leichter machen, sich über ihre Belastungen auszutauschen. In den USA haben sich inzwischen Selbsthilfegruppen von gefährdeten Therapeuten zusammen mit anderen Berufsgruppen, wie Pfarrern, gebildet – nicht nur in präventiver Hinsicht sicher eine wichtige Einrichtung.

Neben der persönlichen Hilfe sind kollegialer Austausch und Supervision von Behandlungsfällen, insbesondere für belastete Therapeuten, unumgänglich. Die Gefahr, in Trennungssituationen und Einsamkeit persönliche Wünsche nach Nähe und Verständnis an eine besonders einfühlsame Patientin zu richten, ist groß. Dazu trägt die Schwierigkeit vieler Therapeuten bei – die durch überfordernde Ausbildungsgänge oft gefördert wurde –, die Grenzen der eigenen Belastbarkeit bei sich überhaupt zu bemerken. Die Wahrnehmung für die oft subtilen anfänglichen Grenzüberschreitungen („the slippery slope", vgl. Strasburger et al., 1992) zu sensibilisieren und diese im Hinblick auf eigene Bedürftigkeiten zu hinterfragen, wäre einer der ersten Schritte, um narzißtischem oder sexuellem Mißbrauch Einhalt zu gebieten.

Pope (1987) hält es für optimal, wenn Therapeuten in Risikosituationen sowohl kollegiale Supervision aufnähmen, als auch umgehend eine individuelle Therapie begännen. An einem fiktiven Fall stellt er die besonderen Schwierigkeiten dar, die solche Behandlungen seiner Erfahrung nach mit sich bringen, und betont folgende Punkte: Aufklärung über die Thematik, insbesondere Einfühlung in die Lage der Patientin, z.B. durch Lektüre von Berichten Betroffener, das Thema „Gegenübertragungsgefühle" sowie das Einüben von Selbstkontrolltechniken. Wir möchten hinzufügen, daß der Therapeut sein Augenmerk auf mögliche Traumatisierungen seines Patienten richten und diese aufzugreifen versuchen sollte. Der eklatante Empathiemangel, den mißbrauchende Therapeuten ihren Patientinnen gegenüber erkennen lassen, ist oftmals in dem Alleinsein mit ihren eigenen Verletzungen begründet. Wenn diese Menschen mit ihrem Trauma angenommen und verstanden werden, entwickelt sich zugleich ihr eigenes Einfühlungsvermögen. Dann können sie auch Patient(inn)en in ihrer Andersartigkeit wahrnehmen und realitätsgerechte Schuld- und Verantwortungsgefühle erleben.

Nicht nur für akut gefährdete, sondern für im therapeutischen Bereich Tätige überhaupt, sollte die Selbst- und Fremdwahrnehmung mit Hilfe theoretischer Fort- und Weiterbildungen geschult werden. In Supervisions- und speziellen Übungsgruppen kann dieses Wissen an exemplarischen Fällen verfestigt werden. In den USA hat insbesondere die Gruppe um Schoener ausführliche Präventionsprogramme für im psychosozialen Bereich tätige Fachleute ausgearbeitet und erprobt. Dabei verwenden sie Videoaufzeichnungen von Berichten Betroffener und arbeiten mit Rollenspiel und praktischen Übungen zur Frage, wie Therapeuten in besonders schwierigen Situationen reagieren könnten (Schoener, 1989, 1991). In Deutschland berichtet z.B. Fliegel (1995) von ähnlichen Veranstaltungen.

All diese Programme, Fort- und Weiterbildungsveranstaltungen werden sich allerdings, ähnlich wie die rehabilitativen Maßnahmen, nur auf die „gesünderen" Therapeuten auswirken, bei denen Naivität, Unwissenheit oder akute Lebenskrisen zu Grenzüberschreitungen führen. Voraussetzung ist, daß sie selbst mißbräuchliches Verhalten verhindern wollen. Soziopathische, schwer narzißtische, psychotische, schwere Borderline-Störungen und Personen mit gestörter Impuls-Kontrolle (Kap. 2) werden vermutlich von diesen Maßnahmen nicht erreicht werden. In präventiver Hinsicht sind bei ihnen wiederum die therapeutischen Ausbildungsinstitute gefragt. Bislang sind offensichtlich sowohl die Auswahlverfahren für die Zulassung als auch die Seminare und Fallsupervisionen im Rahmen der Ausbildung nicht hinreichend spezifiziert, um auf diese gefährdeten und schwer gestörten Persönlichkeiten aufmerksam zu werden. Dazu wären genaue differentialdiagnostische Kenntnisse speziell auch über dissoziative Persönlichkeitsstörungen erforderlich, da gerade diese Persönlichkeiten – wie oben erwähnt – weder in alltäglichen noch in professionellen Zusammenhängen augenfällig in Erscheinung treten und unbedingt vor Aufnahme ihrer therapeutischen Tätigkeit behandelt sein müßten.

Supervisoren und Ausbildungstherapeuten müßten über die Psychopathologie der Täter sowie die Anzeichen für Gefährdung informiert sein, um rechtzeitig erste Warnsignale erkennen zu können. Allerdings sollten sie diese dann auch sehr ernst nehmen und „handeln". Uns sind einige Fälle bekannt, in denen erste Tendenzen zu Grenzüberschreitungen sich bereits während der Ausbildung zeigten und den Ausbildern auch bekannt wurden, in einem Fall sogar ein durch den Folgetherapeuten bestätigter sexueller Mißbrauch einer Patientin. Hier waren „Warnzeichen" durchaus bekannt. Man wollte jedoch dem „armen Kollegen" nicht seine berufliche Karriere ruinieren und drückte noch einmal ein Auge zu mit der Folge, daß dieser seit Abschluß der Ausbildung als Routinetäter „praktiziert".

In den Ausbildungstherapien sollte frühen Traumatisierungen der Auszubildenden besondere Beachtung geschenkt werden. Wie in Kap. 4 ausgeführt, haben viele Menschen, die Berufe im psychosozialen Bereich anstreben bzw. innehaben, in ihrer Kindheit schwere physische oder sexuelle Traumatisierungen erlebt. Werden diese nicht gründlich durchgearbeitet, kommt es in der Regel zu Wiederholungen. Männer scheinen es aufgrund rollenspezifischer Schwierigkeiten besonders heftig abzulehnen, sich als „Opfer" zu erleben und/oder zu erkennen zu geben. Unaufgearbeitet führen diese Traumata später notwendigerweise zu Verwicklungen, insbesondere mit ähnlich geschädigten Patientinnen und Patienten. Dabei scheinen Frauen eher zu identifikatorischen Verstrickungen mit dem Opfer zu neigen, Männer hingegen dazu, in Identifikation mit dem Aggressor das Trauma durch Übernahme der Täterrolle abzuwehren (vgl. Kap. 2 und 3). Letzterer Mechanismus führt dazu, daß narzißtisch-sexueller Mißbrauch auch in Ausbildungstherapien stattfindet und sich an Ausbildungsinstituten endemisch verbreitet. Dies ist leider keine Seltenheit (vgl. dazu Ellinghaus & Große-Rohde, 1990; Pope, 1994; Pope & Feldman-Summers, 1992).

In der eigenen Ausbildung erfahrener Mißbrauch wird – unaufgearbeitet – an die „nächste Generation" von Patienten, Patientinnen und Auszubildenden weitergegeben. Wie schon erwähnt, beschreibt Sollmann (1994) dies ja sehr offen. Tatsächlich scheinen viele darin kein Problem zu sehen. Sonntag (1995) z.B. zitiert einen Ausbilder der auf Carl Rogers basierenden Gesellschaft für wissenschaftliche Gesprächspsychotherapie (GwG), der in einer Publikation explizit dafür plädiert, „dem Lebensbereich Sexualität einen breiten Raum in der Ausbildung einzuräumen, der genügend Platz für gelebte Beziehungen ... zur Verfügung stellt" (Krenz, 1990, S. 120; zit. nach Sonntag, 1995).

An anderen Instituten scheint eher eine Doppelmoral vorzuherrschen. Man weiß von diesen Fällen, von anerkannten Ausbildern, Institutsleitern, deshalb muß man es ja auch nicht so genau nehmen, weder mit Patienten und Patientinnen noch mit Auszubildenden (vgl. Pope et al., 1979 und 1989).

Sonntag (1995) spricht in diesem Zusammenhang von „geheimen Curricula", die neben den offiziell vertretenen exisitieren und grenzüberschreitende Einstellungen Patienten und Patientinnen gegenüber vorbereiten. Dazu gehört z.B. die weitverbreitete Rollenkonfusion: Zwischen Selbsterfahrungs- und Ausbildungsfunktion bestehen keine klaren Grenzen, Prüfer und Leiter von Selbsterfahrungsgruppen sind oft personell identisch. Machtmißbrauch durch „guruartiges" Verhalten von Ausbildern, die ihre Auszubildenden über regressive Mechanismen in Abhängigkeit und von ihrem sozialen Umfeld isolieren, ist ebenfalls nicht selten. Subtilere Formen dieser „sektenartigen" Mechanismen sind in vielen Psychotherapieschulen anzutreffen. Soziale Realitäten werden ausgeblendet, Auszubildenden wird, da sie ja ihre Selbsterfahrung noch nicht abgeschlossen hätten, die Fähigkeit zu gleichberechtigter Diskussion in Sachfragen abgesprochen. Insbesondere bei unliebsamen, kritischen Einwänden gegen Institutsdogmen werden gern kindlich-persönliche Motive (z.B. Protest gegen die Väter) unterstellt. Kontinuierliche Kränkungen während der Ausbildung und schwer durchschaubare, nicht kontrollierbare Prüfungsrituale stellen weitere Mechanismen dar, die infantilisierend wirken. Auseinandersetzungen mit Kritik seitens der sozialen Umwelt oder der Wissenschaft werden verpönt und ignoriert, als „Abwehr" abgetan, weil nur das „echte Mitglied", das alle Demütigungsrituale durchlaufen hat, („all"-)wissend ist.

Ohne gründliche Auseinandersetzung mit der Problematik sexuell-narzißtischen Mißbrauchs in der Therapie, ihrer Dynamik und den Mechanismen transgenerationaler Weitergabe können diese unheilvollen „Traditionen" nicht aufgelöst, „kollegiale" Komplizenschaften, Hemmungen gegen das Aufdecken solcher Mißstände nicht abgebaut werden. Es wird den Therapieverbänden nicht erspart bleiben, sich mit den Tätern in den eigenen Reihen auseinanderzusetzen. Dies ist in der letzten Zeit, da sich Betroffene verstärkt zur Wehr setzen, immer häufiger geworden.

Schwieriger wird es, wenn Kolleginnen und Kollegen z.B. über Folgetherapien von solchen Fällen erfahren, ohne daß die Patient(inn)en (bereits) etwas unternehmen wollen. Probleme der Schweigepflicht lassen sich unter Umständen lösen, wenn der Vorfall als solcher im Institut zuständigen Kollegen oder Gremien berichtet wird, ohne den Namen der Patientin zu nennen. Die Patientin kann allein von der Schweigepflicht bezüglich des Sachverhalts entbinden, nicht aber ihres Namens. Im allgemeinen löst jedoch die dem Mißbrauch inhärente Dynamik heftige Ängste aus, solche Fälle öffentlich zu machen – oft leider berechtigterweise. Die Mechanismen, die wir auch von der Aufdeckung sexuellen Mißbrauchs an Kindern kennen, kommen in der Regel mit all ihrer Destruktivität zum Einsatz. Spaltungen in den/die „Böse(n)", die alles zur Sprache gebracht haben und den „bedauernswerten Kollegen", der jetzt meist noch krank wird oder dies zumindest vorgibt, können zu bösartigen Vorwürfen und Unterstellungen der Mitglieder untereinander, Spaltungen der Institute, Zerbrechen von Freundschaften usf. führen. Trotz dieser belastenden und schmerzhaften Prozesse sind institutsöffentliche Auseinandersetzungen über die Vorfälle und das gemeinsame Durcharbeiten unerläßlich, um der Fortsetzung einer schweigenden Verbreitung mißbräuchlichen Verhaltens entgegenzuwirken.

Über den engeren Kreis der Psychotherapieverbände hinaus gelten die oben genannten präventiven Vorschläge selbstverständlich für alle benachbarten Disziplinen wie z.B. Sozialpädagogen oder Geistliche, soweit sie in einer helfenden Beziehung zu einzelnen Klienten oder Gemeindemitgliedern stehen.

Für Juristinnen und Juristen und, nach Erlaß einer entsprechenden Strafrechtsnorm auch für Beamte und Beamtinnen der Kriminalpolizei sowie andere mit dem Themenkreis befaßte Berufsgruppen, sollten ebenfalls gründliche Fortbildungsveranstaltungen angeboten werden.

7. Aufklärung der Öffentlichkeit

Zunächst sollte in der Öffentlichkeit ein angemessenes Problembewußtsein geschaffen werden. Für Außenstehende ist in diesem Zusammenhang die therapeutische Beziehung selbst am schwersten verständlich. Aufgrund des ihr inhärenten Machtgefälles und der Abhängigkeit scheint sie so beunruhigend zu sein, daß viele Menschen sich schon deshalb schwer damit tun, sich in die Lage von Patienten einzufühlen und zu verstehen, daß es sich nicht um ein Verhältnis zwischen zwei gleichermaßen verantwortlichen Erwachsenen handelt. Die verbreiteten Vorurteile und diskriminierenden Einstellungen gegenüber dem „Psychokram" kommen hinzu. Daneben werden alle in Kap. 1 erwähnten Mechanismen, mit denen Menschen sich davor schützen, mit traumatischen Erfahrungen in Berührung zu kommen, eingesetzt, um das Thema systematisch mißzuverstehen. Um so wichtiger ist, daß die öffentliche Aufklärung möglichst sachlich und sachgemäß erfolgt. Einzelfallschilderungen zu sexuellem Mißbrauch in der Psychotherapie, die darauf abzielen, voyeuristische und möglicherweise noch dazu sadomasochistische Bedürfnisse der Leser zu befriedigen, wirken absolut kontraproduktiv – außer vielleicht für den publizierenden Verlag. Sie spielen die sexuelle Komponente gegenüber dem Macht- und Vertrauensmißbrauch ungebührlich hoch und leisten dem populären Mißverständnis Vorschub, daß es sich bei den Opfern sexueller Übergriffe in der Psychotherapie ja doch nur um „Masochistinnen" handle, die über kurz oder lang ohnehin ihren „Täter" finden würden.

Über die spezielle Thematik hinaus muß die Öffentlichkeit – insbesondere die potentiellen „Verbraucher" – besser über Psychotherapie informiert werden. Für Laien ist es so gut wie unmöglich geworden, sich in dem undurchschaubaren Dschungel der unterschiedlichsten Psychotherapieanbieter zu orientieren. Ein Gesetz, das den Titel Psychotherapeut schützt, würde diesen Bereich durchschaubarer machen und die Gefährdung von Patienten durch unausgebildete, naive Täter und sektenartige Vereinigungen reduzieren. Zur Zeit müssen sich die Menschen über Literatur oder fachliche Beratungen orientieren, wobei die fachlichen Beratungen meist von der eigenen Schulenzugehörigkeit des Beraters beeinflußt sind.

Eine wichtige Hilfe können hier allerdings die Krankenkassen anbieten. Sie verfügen in der Regel über Listen von Psychotherapeuten, die von ihnen anerkannt sind und die notwendigen Ausbildungsvoraussetzungen aufweisen. Auch psychologische und psychotherapeutische Beratungsstellen, Ambulanzen und Frauenberatungseinrichtungen kommen als Ansprechpartner in Frage.

Über die einzelnen Therapiemethoden hinaus sollten die Verbraucher die Grenzen und Pflichten der Therapeuten und ihre Rechte als Patienten kennen. In den USA wurden in den vergangenen Jahren zahlreiche Broschüren und Merkblätter für Psychotherapiekonsumenten entwikkelt, sowohl von den verschiedenen Psychotherapeutenverbänden als auch von den Landesregierungen. Diese stießen anfangs auf erhebliche Widerstände bei den psychotherapeutischen Fachleuten und mobilisierten bei ihnen starke Ängste. Auf Schriften, die Patienten auch über die Gefahr, in der Therapie sexuell mißbraucht zu werden, informieren, reagierten Therapeuten mit der Sorge, daß Patienten ihren Therapeuten dadurch zu mißtrauisch begegnen oder falsche Anschuldigungen erheben könnten.

Thorne et al. (1993) verglichen die Reaktionen von 50 potentiellen Psychotherapiekonsumenten und 50 Psychotherapeuten auf eine solche Broschüre. Diese enthielt Aussagen über adäquates und inadäquates Therapeutenverhalten, Rechte von Psychotherapiepatienten, normale Verliebtheitsgefühle in Psychotherapien, Warnzeichen für sexuelle Übergriffe und Handlungsmöglichkeiten für Patienten, die mit sexuellen Übergriffen konfrontiert waren. Die potentiellen Psychotherapiekonsumenten reagierten ausgesprochen positiv auf die Schrift. Sie plädierten für ihre Verbreitung, hielten sie für hilfreich, um inadäquates Therapeutenverhalten erkennen, sich gegen den Therapeuten behaupten sowie, bei Konfrontation mit einem sexuellen Übergriff, richtig handeln zu können. Falsche Anschuldigungen befürchteten die Patienten nicht. Auch die Therapeuten beurteilten die Informationsschrift ihrem Inhalt nach positiv. Sie äußerten aber die Befürchtung, die Patienten würden durch die detaillierte Aufklärung verunsichert werden. Die ganz andersartige Reaktion der potentiellen Patienten läßt vermuten, daß es sich eher um ein Vorurteil der Therapeuten handelt, welches diese dann den Patienten unterstellen.

Aufgrund der positiven Auswirkungen, die Patienteninformationen nach den Erfahrungen vieler psychosozialer Einrichtungen in präventiver Hinsicht hat, und da wir nach öffentlichen Diskussionen über „Warnsignale" sehr häufig von gefährdeten Patientinnen um Rat gefragt wurden, möchten wir im folgenden die allgemeingültigen Grenzen therapeutischen Verhaltens zusammenfassen.

Was gehört zum Rahmen einer Psychotherapie und welche Rechte haben Patienten? Sodann fassen wir in einer weiteren Aufstellung zusammen, was von vielen Patienten im Vorfeld des Mißbrauchs berichtet wird und möglicherweise als Warnsignal für späteren sexuellen Mißbrauch gelten kann.

Abschließend folgt für betroffene Patienten sowie deren Angehörige ein kurzgefaßter Ratgeber zu den wichtigsten Fragen, die sich in diesem Zusammenhang stellen.

7.1 Basisregeln der Psychotherapie

Aufgabe einer Psychotherapie ist es, seelisches Leiden oder seelisch verursachte körperliche Erkrankungen zu lindern bzw. zu heilen. Damit ist eine wesentliche Grenze der Behandlung festgelegt: Es geht um die Patienten und ihre Beschwerden und nicht um persönliche Wünsche und Bedürfnisse der Behandelnden – selbstverständlich abgesehen von ihrem Wunsch, beruflich kompetent ihre Aufgabe zu erfüllen und sich damit ihren Lebensunterhalt zu verdienen. Nicht jedoch um andere persönliche Bedürfnisse und Wünsche der Behandler, welcher Art diese auch immer sein mögen. Private, gesellschaftliche Beziehungen sind mit der Funktion eines Psychotherapeuten nicht vereinbar.

Vor Beginn der Therapie müssen klare Absprachen über die Rahmenbedingungen und die angewandten Therapiemethoden getroffen werden. Die Patienten müssen den Sinn verstehen und mit allen Bestandteilen einverstanden sein. Zu den Absprachen gehören:
- Ort der Therapie
- Dauer der Sitzungen
- Häufigkeit der Sitzungen pro Woche/Monat
- Voraussichtliche Dauer der Behandlung insgesamt
- Art und Höhe der Bezahlung
- Bestandteile der Therapie und deren Sinn: z.B. ob sie im Liegen oder Sitzen stattfindet, in Gesprächsform oder freier Assoziation, ob Körperkontakt einbezogen ist, welcher Art der Körperkontakt ist, wann und

warum er wichtig ist, ob Medikamente verordnet werden, ob hypnotische Techniken eingesetzt werden etc.

• Sinn, Möglichkeiten, Grenzen und Risiken der Therapiemethode sowie alternative Behandlungsverfahren und deren Vor- bzw. Nachteile.

Die vereinbarten Bedingungen müssen von dem Therapeuten eingehalten werden. Veränderungen bedürfen der Begründung durch die Therapeuten in verständlicher Form und der ausdrücklichen Zustimmung der Patienten.

Patienten haben jederzeit sowohl zu Beginn als auch während der Behandlung das Recht, sich über die Behandlungsmethode oder Dinge, die sie verunsichern und nicht verstehen, zu informieren, nachzufragen, bis ihre Unklarheiten beseitigt sind. Therapeuten sind verpflichtet, diese Fragen sinngemäß und mit allen relevanten Informationen zu beantworten. Einwilligung zu einer Behandlung, die auf Aufklärung i.S. des "informed consent" beruht (vgl. Pope, 1994), beschränkt sich nicht auf Absprachen, die zu Behandlungsbeginn getroffen worden sind. Zu diesem Zeitpunkt sind Rahmenbedingungen und Bestandteile der Therapie für die Patienten oft in ihrer Bedeutung und ihren Auswirkungen nicht wirklich zu verstehen. In jeder Phase der Therapie sollten die Patienten ihre Fragen zu Methode, Rahmen und Wirkung der Behandlung besprechen können.

Zwischen Behandelnden und Patienten besteht ein Machtgefälle, das durch verschiedene Fakoren bedingt ist. Generell sind psychisch – ähnlich wie anders, z.B. körperlich – Leidende, wenn sie sich hilfesuchend an eine Fachkraft wenden, in einer schwächeren Position. Sie sind in einer Situation, die sie mit eigenen Kräften nicht glauben meistern zu können, und hoffen auf fachkompetente Hilfe. Die reale (oder in manchen Fällen auch vermeintliche) Fachkompetenz der Behandelnden ist eine grundsätzliche Komponente des Machtungleichgewichts in „helfenden" Beziehungen. Dies verstärkt sich in der Regel im Laufe einer Therapie, da die Patienten sich einseitig und in einem Maße, wie es in Alltagsbeziehungen unüblich ist, mit all ihren Sorgen, Schwächen, Verletzlichkeiten den Behandelnden anvertrauen. Damit entwickelt sich eine Bindung an die Therapeuten, die mit intensiven Gefühlen von Verliebtheit, Liebe, Wut und Haß verbunden sein kann.

Diese Vorgänge sind normal, gehören in eine Therapie und sollten dort besprochen werden, um sie zu verstehen. Dabei ist es wichtig, immer zu

130

berücksichtigen, daß diese Gefühle nicht den Behandelnden als Privatpersonen gelten (auch wenn das manchmal so erlebt werden mag), sondern durch ihre berufliche Funktion hervorgerufen werden. Daher dürfen sie auch von den Therapeuten nicht als persönliche verstanden oder gar beantwortet werden, z. B. nicht zur Anbahnung einer privaten Beziehung ausgenutzt werden. Dies betrifft nicht nur Liebesbeziehungen, sondern persönliche Beziehungen jeder Art, z.B. dem Therapeuten bei Schwierigkeiten zu helfen, seine Probleme zu besprechen, freundschaftliche Treffen; berufliche Beziehungen wie gemeinsame Arbeit, Büroarbeiten oder Babysitten beim Therapeuten; finanzielle Projekte; Aktivitäten, die durch gemeinsame Interessen geleitet sind, z.B. ins Theater gehen etc.

Alle so gearteten gemeinsamen Aktivitäten sind mit der therapeutischen Beziehung nicht vereinbar. Therapeuten müssen ihre privaten Angelegenheiten und Bedürfnisse strikt aus den Beziehungen zu ihren Patienten heraushalten, insbesondere ihre persönlichen Sorgen und Schwierigkeiten. Gespräche über die Probleme der Therapeuten haben nichts mit der psychotherapeutischen Behandlung zu tun, deren Ziel es ja ist, das Leiden der Patienten – und nicht der Therapeuten – zu lindern.

Diese „Abstinenz" der Behandelnden von privaten, insbesondere Liebesbeziehungen zu ihren Patienten beschränkt sich nicht auf die Dauer der Therapie, sondern gilt auch noch für lange Zeit danach. Die intensiven Gefühle, die sich in der therapeutischen Beziehung entwickelt haben, lösen sich nur langsam. Sie gelten nicht den Behandelnden als Privatperson, sondern sind aufgrund der Funktion, die sie in der Therapie haben, entstanden. Sie können also keine realistische Grundlage für eine gleichberechtigte Liebesbeziehung sein. Auch wenn heute die Therapie abgebrochen und morgen ein privates Verhältnis begonnen wird, wird die therapeutische Beziehung zu eigennützigen Zwecken von den Therapeuten ausgenutzt und mißbraucht.

7.2 Rechte der Patienten

1. Genaue Information über die Rahmenbedingungen: die Therapiemethode, die Ausbildung der Therapeuten etc. (s.o.).
2. Diese Information muß verständlich sein. Patienten haben das Recht, so lange nachzufragen, bis sie wirklich verstanden haben, worum es geht, und auf dem Hintergrund dieses Wissens, der Behandlung und ihren Bedingungen zustimmen können.
3. Die Rahmenbedingungen müssen eingehalten werden. Mögliche Abweichungen müssen von den Therapeuten in verständlicher Form begründet werden, so daß die Patienten wissen, welche Konsequenzen ihre Einwilligung in die vorgeschlagene Veränderung hat bzw. haben kann.
4. Bei Unklarheiten, Unbehagen, Gefühlen von unauflösbaren persönlichen Verwicklungen sollten Patienten dieses mit den Behandelnden gründlich besprechen, auch wenn es ihnen schwerfällt.
5. Sollte keine Klärung zustandekommen, so können notfalls außenstehende Fachleute einbezogen werden.

7.3 Typische Grenzüberschreitungen im Vorfeld von SÜP

Überschreitungen des therapeutischen Rahmens, die zu weitergehendem mißbräuchlichem Verhalten bis hin zu sexuellen Übergriffen führen können sind:
1. Überschreiten der o.g. Rahmenbedingungen z.B. der vereinbarten Sitzungsdauer, Erhöhung der Sitzungshäufigkeit, Minderung der Bezahlung etc.
2. Die Therapeuten lassen zunehmend Aspekte ihrer privaten Situation in die Therapie einfließen, insbesondere sprechen sie von ihren Schwierigkeiten, persönlichen Krisen, Trennungssituationen und Krankheiten. Bei den Patienten kommen Gefühle von Mitleid und „Sich-kümmern-Müssen" auf.
3. Die Therapeuten machen während der Sitzungen vertrauliche Anspielungen, Witzeleien, sexuelle Anzüglichkeiten, Äußerungen über die besondere Attraktivität der Patientinnen u.ä.
4. Die therapeutische Beziehung geht immer mehr in eine unangemessene persönliche Beziehung über; aus der Anrede mit „Sie" wird „Du".

5. Es werden private Verabredungen im Café, Restaurant, Theater, in der Wohnung von Therapeut oder Patientin getroffen.

6. Die Behandelnden streben nicht danach – wie es ein sollte –, die Patientinnen in die Lage zu versetzen, unabhängig von ihnen Anerkennung und Liebe in ihrer Umwelt zu finden. Im Gegenteil, sie arbeiten auf die zunehmende Isolation der Patientinnen von ihren sozialen Beziehungen hin und fördern die Abhängigkeit zu ihnen nach Kräften.

7. Die Patientinnen bekommen infolge sich einschleichender Grenzüberschreitungen zunehmend das Gefühl, für die Therapeuten „etwas Besonderes" zu sein, fühlen sich aufgewertet, sind darauf stolz und „blühen auf". Zugleich spüren sie die Bedürftigkeit und Verletzlichkeit der Therapeuten. Da sie die Zuneigung und die besondere Bedeutung, die sie für ihre Therapeuten zu haben glauben, nicht verlieren möchten, richten sie sich nach den Bedürfnissen, die sie bei ihren Therapeuten wahrnehmen. Wenn sie das Gefühl haben, die Therapeuten wollten von ihnen bewundert oder begehrt werden, verhalten sie sich dementsprechend.

8. Warnende Gefühle, daß in der Therapie etwas nicht richtig läuft, daß sie und ihr eigentliches Anliegen, geheilt zu werden, zu kurz kommen, werden von den Patientinnen in den Hintergrund gedrängt: „Der Therapeut muß doch wissen, was er macht".

9. Die Behandelnden behaupten, die Berührung, Massage u.ä. intimer Zonen bzw. sexuelle Kontakte mit ihnen seien Bestandteil der Therapie. Ohne diese seien z.B. Sexualstörungen, „Verklemmungen" nicht abzubauen, sei kein therapeutischer Fortschritt zu erzielen.

10. Die Behandelnden schlagen vor, die Therapie zu beenden (d.h. abzubrechen) und eine „freundschaftliche, private Beziehung" einzugehen.

Einer ausführlicheren Darstellung dieser Abläufe widmet sich Kap. 3.1.

Wenn solche oder ähnliche Grenzüberschreitungen drohen oder bereits eingetreten sind, empfiehlt es sich zunächst, diese gründlich mit den betreffenden Therapeuten zu besprechen. Kommt es zu keiner Klärung, sollten außenstehende, unabhängige Fachleute zu Rate gezogen werden (Beratungsstellen, Ansprechpartner der betreffenden Therapie- bzw. Berufsverbände etc.).

7.4 Was tun, wenn es zu sexuellen Kontakten gekommen ist?

Wenn es zu sexuellen Kontakten gekommen ist, sollte die Therapie möglichst schnell beendet werden. Dies ist meist nicht leicht, weil die Gefühle den Behandelnden gegenüber i.a. sehr heftig sind. Sie können zwischen großer Liebe, Bewunderung, Vertrauen, dem Wunsch, sie zu schützen, und heftiger Wut und Empörung über die sexuelle Grenzverletzung schwanken. Die Angst, darüber zu reden, ist groß, weil der Vorfall für Außenstehende schwer verständlich ist. Patientinnen fühlen sich verantwortlich und schuldig für das, was geschehen ist, und schämen sich deswegen. Dabei ist es wichtig, immer wieder zu bedenken: Selbst wenn der Wunsch nach oder die Initiative zu der intimen Beziehung von den Patientinnen ausgegangen sein sollte, immer sind die Therapeuten verantwortlich, wenn die Grenzen der beruflichen Beziehung nicht eingehalten werden – unter keinen Umständen hingegen die Patientinnen.

Trotz aller Hemmungen und Schwierigkeiten, mit anderen über das Geschehen zu sprechen, ist dies ausgesprochen wichtig, um nach Beendigung der Beziehung zu dem Therapeuten mit dem Vorfall und seinen Folgen nicht allein dazustehen. Es ist oft besser, zunächst mit guten Freundinnen oder Freunden zu sprechen als mit den Partnern, da letztere selbst stark mitbetroffen sind und es ihnen deswegen schwerfallen kann, Verständnis für den Vorfall aufzubringen. Fast immer ist es sehr hilfreich, andere Betroffene zu suchen, die ähnliche Erfahrungen gemacht haben, da mit ihnen ein Austausch darüber leichter ist. Ansprechpartner sind über einige regionale Frauenberatungsstellen oder die Kontaktadresse im Anhang zu erfahren.

Versuche, die Angelegenheit zunächst mit den Behandelnden zu klären, haben sich in der Regel als sehr schwierig erwiesen. Die Patientinnen waren oft verletzenden Bemerkungen, Schuldzuweisungen, Drohungen und Verwirrungsstrategien der Therapeuten ausgesetzt, denen sie nicht gewachsen waren. Daher ist es dringend angeraten, derartige Gespräche in Anwesenheit neutraler fachkompetenter Personen zu führen (s. Kap. 4.1.2).

Beratungen und Folgetherapien durch kompetente Fachleute sind aufgrund der schweren Schädigung durch die Erfahrung sexueller Ausbeutung meist unumgänglich (vgl. Kap. 3). Dabei ist es wichtig, Fachkräfte zu finden, die sich speziell mit der Problematik des sexuellen Mißbrauchs in Psychotherapie und Psychiatrie befaßt und Erfahrung in

Beratung und Therapie Betroffener haben. Erneut sich in Psychotherapie zu begeben, fällt vielen Patientinnen auf dem Hintergrund ihrer Erfahrung verständlicherweise schwer. Im Sinne einer Verallgemeinerung richtet sich nun ihr Mißtrauen gegen Psychotherapeuten schlechthin, wodurch eine dringend notwendige Folgebehandlung verhindert werden kann. Andererseits ist es sehr wichtig, daß Patientinnen sich nach der Einstellung der Folgetherapeuten zu der Problematik erkundigen und sich vergewissern, ob sie oder er Erfahrung in Therapie von Opfern sexueller Gewalt hat (vgl. Kap. 4).

7.5 Was tun, wenn Partnerinnen in der Therapie mißbraucht worden sind?

Die Information, daß die eigene Partnerin in ihrer psychotherapeutischen Behandlung mißbraucht worden ist, löst in der Regel heftige Gefühle von Verletztheit, Wut und Traurigkeit aus, verbunden mit dem Gefühl, von der Partnerin hintergangen worden zu sein. Das Geschehen ist für Menschen, die selbst noch nicht in Psychotherapie waren, sehr schwer zu verstehen. Die therapeutische Beziehung ist, selbst wenn es zu sexuellen Kontakten gekommen ist, etwas ganz anderes als Beziehungen im alltäglichen Leben. Patienten können sich in der therapeutischen Situation nicht frei entscheiden, wie sie das als erwachsene Menschen in ihrem Leben außerhalb der Therapie können. Es ist höchst unwahrscheinlich, daß sie sich für diesen Mann/diese Frau interessiert hätten, wenn sie bei ihm/ihr nicht in Therapie gewesen wären. D.h., die gefühlsmäßige Bindung und das kindliche Vertrauen, das in jeder therapeutischen Beziehung entsteht, wurde vom Therapeuten ausgenutzt. Verantwortung und Schuld für das Geschehen trägt dieser allein. Er hat diesen psychisch leidenden Menschen noch zusätzlich geschädigt und alle Personen, die diesem nahestehen.

Leicht kommt es nach sexuellen Übergriffen von Psychotherapeuten zu heftigen Konflikten in Partnerschaft und Ehe. Den Betroffenen geht es danach noch schlechter als zu Behandlungsbeginn, oft sind sie selbstmordgefährdet. Sie sind sehr mißtrauisch geworden, sogar ihren Partnern gegenüber, und ziehen sich zurück. Die Partner sind wütend und verletzt wegen der „Untreue" der Betroffenen, machen ihnen Vorwürfe und können nur schwer Verständnis für ihr Leiden aufbringen. Intakte Beziehungen können zerstört werden.

Wenn die Probleme, die durch den Mißbrauch in der Therapie ausgelöst wurden, nicht allein zu bewältigen sind, sollte unbedingt professionelle Hilfe, z.B. bei Beratungsstellen, niedergelassenen Therapeuten, gesucht werden. Wichtig ist, die Probleme gemeinsam anzugehen und die Betroffenen zu unterstützen. Je besser diese das Geschehen verarbeiten, um so eher werden die Partner wieder zusammenfinden.

In dem Wunsch, juristische Schritte zu unternehmen, sollten die Betroffenen unterstützt, keinesfalls jedoch unter Druck gesetzt werden. Solche Schritte müssen gut überlegt sein, da sie in der Regel sehr belastend sind. Die Betroffenen sind oft erneuten Verletzungen ausgesetzt. Sie sollten diese Entscheidung nicht ihren Partnern „zuliebe" fällen. In jedem Fall sollten sie rechtliche Beratung und geeignete psychosoziale Hilfe in Anspruch nehmen.

Über die rechtlichen Möglichkeiten informiert Kap. 5.1.

Anhang

Kontaktadressen für Betroffene

Betroffene, die sich mit anderen vernetzen möchten und/oder als regionale Ansprechpartnerinnen bzw. Ansprechpartner zur Verfügung stellen wollen, wenden sich bitte an

Marita, Postfach 72, 91325 Adelsdorf

Kollegen, die sich als regionale Ansprechpartneren für Betroffene zur Verfügung stellen möchten und/oder bereit sind, Folgetherapien zu übernehmen, wenden sich bitte an das

Institut für Psychotraumatologie Freiburg e.V., Sternwaldstr. 4, 79102 Freiburg, Fax-Nr. 07 61 / 79 68 22

und fordern dort Formular 1 an.

Sollten Sie bereits über Erfahrungen mit Folgetherapien verfügen, wären wir Ihnen dankbar, wenn Sie außerdem bereit wären, dazu entweder einen ausführlichen Fragebogen (Formular 2) zum Behandlungsverlauf oder einen kurzen Fragebogen (Formular 3) zu den Folgeschäden zu bearbeiten. Fordern Sie diese bitte zusätzlich bei der o.g. Anschrift an.
Beide Forschungsinstrumente werden selbstverständlich anonym i.S. der datenschutzrechtlichen Bestimmungen ausgewertet. Sie dienen der weiteren wissenschaftlichen Evaluation von Folgeschäden und Regeln für Folgetherapien im Rahmen des Forschungsprojekts.

Abkürzungen und Sprachregelung

APA	American Psychological Association
BDP	Berufsverband Deutscher Psychologinnen und Psychologen
Frequency	Häufigkeit
IES	Impact-of-Event-Scale (Horowitz)
Missing	Anzahl (Prozentangabe) der fehlenden Antworten
PMT	Professionales Mißbrauchstrauma
SÜP	Sexuelle Übergriffe in Psychiatrie, Psychotherapie und Beratung
Valid Percent	Prozentangabe, relativiert auf die Zahl der jeweils gültigen Antworten

Wir wählen hier der Einfachheit halber – auch bei der Darstellung und Diskussion unserer Untersuchungsergebnisse – für Patienten und Patientinnen die weibliche Form und die männliche bei den Therapeuten und Therapeutinnen bzw. Beratern und Beraterinnen, da diese Konstellation weitaus die häufigste ist. Aus sprachlichen Gründen behalten wir diese Form auch für die Folgetherapien bei. Inhaltlich gelten die Aussagen, wenn sie nicht im Einzelfall genauer spezifiziert sind, jedoch ebenso für alle anderen möglichen Konstellationen.

Literatur

Ache, E. (1995). Beratung von betroffenen Frauen – Handlungsmöglichkeiten zwischen Ohnmacht, Kreativität und Konfrontationswillen. In Arbeitsgruppe Frauen gegen sexuelle Übergriffe und Machtmißbrauch in Therapie und Beratung (Ed.), Übergriffe und Machtmißbrauch in psychosozialen Arbeitsfeldern

Aghassy, G., & Noot, M. (1987). Seksuele contacten binnen psychotherapeutische relaties. Psychotherapie (Niederlande), 6 (11).

Apfel, R. J., & Simon, B. (1985). Patient-therapist sexual contact: II. Problems of subsequent psychotherapy. Psychother. Psychosom., 43, 63-68.

Arendt, H. (1995). Eichmann in Jerusalem. Ein Bericht über die Banalität des Bösen. (9th ed.) München: Piper.

Armsworth, M. W. (1989). Therapy of incest survivors: Abuse or support. Child Abuse & Neglect, 13, 549-562.

Arnold, E., & Retsch, A. (1991). Liebe, Sexualität und Erotik zwischen Therapeuten und Klientinnen. Verhaltenstherapie und psychosoziale Praxis, 3, 273-288.

Bajt, T. R., & Pope, K. S. (1989). Therapist-patient sexual intimacy involving children and adolescents. American Psychologist, 455.

Bauriedl, T. (1992). Sexueller Mißbrauch – Wie Opfer zu Tätern werden. Psychologie in der Medizin, 3 (4), 9-13.

BDP (1994). Jahresbericht 1993: Ehrengerichtsverfahren. In Berufsverband Deutscher Psychologinnen und Psychologen (Ed.), Report Psychologie (pp. 46-48). Bonn: Deutscher Psychologen Verlag

Becker-Fischer, M. (1995). Was hilft das Trauma verarbeiten? – Besonderheiten der Folgetherapie. In Arbeitsgruppe „Frauen gegen sexuelle Übergriffe und Machtmiß-brauch in Therapie und Beratung" Oldenburg (Ed.), Übergriffe und Machtmißbrauch in der psychosozialen Arbeit

Becker-Fischer, M., & Fischer, G. (1995). Sexuelle Übergriffe in Psychotherapie und Psychiatrie. Forschungsbericht des Instituts für Psychotraumatologie Freiburg. In Bundesministerium für Familie, Senioren, Frauen und Jugend (Ed.), Materialien zur Frauenpolitik Nr. 51

Belote, B. (1974). Sexual intimacy between female clients and male psychotherapists: Masochistic sabotage. Unpublished doctoral dissertation, California School of Professional Psychology, Berkeley.

Berne, E. (1967). Spiele der Erwachsenen. Psychologie der menschlichen Beziehungen. Reinbek: Rowohlt (Original work published 1964).

Boatwright, D. (1989). Therapist/patient sex legislation sent to governor. Press release from the office of Senator Dan Boatwright (Ed.). State Capitol Sacramento, CA.

Bonner-Hearing (1992). Dokumentations des Öffentlichen Hearings am 19. Januar 1991 in Bonn: Sexuelle Übergriffe in der Therapie – Kunstfehler oder Kavaliersdelikt? In DGVT-Arbeitsgemeinschaft „Frauen in der psychosozialen Versorgung" (Ed.), (Tübinger Reihe; 12)

Bormann, M., & Sieg, M. (1995). Über den Mißbrauch mit dem Mißbrauch mit dem Mißbrauch. In Arbeitsgruppe Frauen gegen sexuelle Übergriffe und Machtmißbrauch in Therapie und Beratung (Ed.), Übergriffe und Machtmißbrauch in psychosozialen Arbeitsfeldern.

Bouhoutsos, J. et al. (1983). Sexual intimacy between psychotherapists and patients. Professional Psychology, 14 (2), 185-196.

Brown, L. S. (1988). Harmfull effects of posttermination sexual and romantic relationships between therapists and their former clients. Psychotherapy, 25 (2), 249-255.

Calonego, B. (1995). Der Therapeut kennt keine Grenzen. Süddeutsche Zeitung, 22.4.1995,.

Cavenar, J., O., & Werman, D., S. (1983). The sex of the psychotherapist. American Journal of Psychiatry, 140 (1), 85-87.

Cremerius, J. (1984). Psychoanalytische Abstinenzregel. Vom regelhaften zum operativen Gebrauch. Psyche, 38, 769-800.

Dish, E. (1989). One day workshops for female supervisors of sexual abuse by psychotherapists. In G. R. Schoener et al. (Ed.), Psychotherapists' sexual involvement with clients: Intervention and prevention (pp. 209-213). Minneapolis: Walk-In Counseling Center.

Dujovne, B. E. (1983). Sexual feelings, fantasies and acting out in psychotherapy. Psychotherapy, 20 (2), 243-250.

Ehlert, M., & Lorke, B. (1988). Zur Psychodynamik der traumatischen Reaktion. Psyche, 42 (6), 502-532.

Ehlert-Balzer, M. (1992). Die Strafbewährung des sexuellen Mißbrauchs in der Psychotherapie. VT & Psychosoziale Praxis, 24 (3) 323-334.

Ellinghaus, E., & Große-Rhode, L. (1990). Plädoyer für die sexuelle Abstinenz in Therapie und Ausbildung. GwG-Zeitschrift, 79.

Ferenczi, S. (1933). Sprachverwirrung zwischen Erwachsenen und dem Kind. Zeitschrift für Psychoanalyse, 19, 5-15.

Fischer, G. (1981). Wechselseitigkeit – Interpersonelle und gegenständliche Orientierung in der sozialen Interaktion. Bern: Huber.

Fischer, G. (1989). Dialektik der Veränderung in Psychoanalyse und Psychotherapie. Modell, Theorie und systematische Fallstudie. Heidelberg: Asanger.

Fischer, G. (1990). Die Fähigkeit zur Objektspaltung. Ein therapeutischer Veränderungsschritt bei Patienten mit Realtraumatisierung. Forum der Psychoanalyse, 6, 199-212.

Fischer, G. (1993). Arbeit und Liebe – zu Phänomenologie und Dialektik des psychoanalytischen Arbeitsbündnisses. In W. Tress & S. Nagel (Eds.), Psychoanalyse und Philosophie: Eine Begegnung.

Fischer, G., & Riedesser, P. (im Druck). Lehrbuch der Psychotraumatologie. München: UTB.

Fliegel, S. (1995). Sexuelle Übergriffe in der Therapie – Prävention durch Fort- und Weiterbildung. In Arbeitsgruppe Frauen gegen sexuelle Übergriffe und Machtmißbrauch in Therapie und Beratung (Ed.), Übergriffe und Machtmißbrauch in psychosozialen Arbeitsfeldern.

Freud, A. (1977). Das Ich und die Abwehrmechanismen. („9th ed.). th. ed." München: Kindler.

Freud, S. (1915). Bemerkungen über Übertragungsliebe. Gesammelte Werke, 10.

Gabbard, G., & Menninger, R. (1988). The psychology of the physician. Washington D.C.: American Psychiatric Press.

Gallagher, H. G. (1990). By trust betrayed. New York: Holt.

Gartrell, N. et al. (1989). Sexual abuse of patients by therapists: Strategies for offender management and rehabilitation. Legal implications of hospital policies and practices, 41, 55-65.

Gartrell, N. et al. (1986). Psychiatrist-patient sexual contact: Results of a national survey. I. Prevalence. Am. J. Psychiatry, 143 (9), 1126-1131.

Gonsiorek, J. C. (1987). Intervening with psychotherapists who sexually exploit clients. In P. A. Keller (Ed.), Innovations in clinical practice - a source book (Vol. 6, pp. 417-427). o.O.:

Gonsiorek, J. C. (1989). Working therapeutically with therapists who have become sexually involved with clients. In G. R. Schoener et al. (Ed.), Psychotherapists' sexual involvement with clients: Intervention and prevention (pp. 421-433). Minneapolis: Walk-In Counseling Center.

Herman, J. L., & Kolk, B. A. v. d. (1987). Traumatic antecedents of borderline personality disorder.

Herman-Lewis, J. et al. (1987). Psychiatrist-patient sexual contact: Results of a National Survey, II. Psychiatrists' Attitudes. American Journal of Psychiatry, 144 (2), 164-169.

Heuft, G. (1990). Bedarf es eines Konzepts der Eigenübertragung? Forum Psychoanalyse, 6, 299-315.

Heyne, C. laudia (1994). Verführung, Manipulation, Rechtfertigung – Konstanten im Verhalten sexuell mißbrauchender Therapeuten? In K. M. Bachmann & W. Böker (Eds.), Sexueller Mißbrauch in Psychotherapie und Psychiatrie (pp. 105-122). Bern: Huber.

Heyne, C. (1991). Tatort Couch. Sexueller Mißbrauch in der Therapie. Zürich: Kreuz.

Heyne, C. (1995). Grenzverletzungen in Therapie und Beratung: Typische Abläufe von Machtmißbrauch und Manipulation. In Arbeitsgruppe „Frauen gegen sexuelle Übergriffe und Machtmißbrauch in psychosozialen Arbeitsfeldern (Ed.), Übergriffe und Machtmißbrauch in psychosozialen Arbeitsfeldern.

Holderegger H. (1993). Der Umgang mit dem Trauma. Stuttgart: Klett-Cotta.

Holroyd, J., & Bouhoutsos, J. (1985). Biased reporting of therapist-patient sexual intimacy. Professional Psychology, 16 (5), 701-709.

Holroyd, J. C., & Brodsky, A. M. (1977). Psychologists' attitudes and practices regarding erotic and nonerotic physical contact with patients. American Psychologist, (October), 843-849.

Horowitz, M. J., Wilner, N., & Alvarez, W. (1979). Impact of event scale: A study of subjective stress. Psychosomatic Medicine, 41 (3), 209-218.

Hütter, B. O. (1994). Wahrnehmung, Belastungswirkung und Bewältigung von invasiven Eingriffen in Kardiologie und Herzchirurgie. Weinheim: Deutscher Studienverlag.

Janoff-Bulman, R. (1992). Shattered assumptions. Towards a new psychology of trauma. New York.: Free Press.

Jerouschek, G. (1992). Der irrtumsgeneigte Vergewaltigungstäter – Überlegungen zum Verhältnis von § 177 und §§ 223, 230 StGB und zur Auffangfunktion von § 230 StGB im Strafprozeß. JZ, 227.

Kardener, S. H., Fuller, M., & Mensh, I. N. (1973). A survey of physicians attitudes and practices regarding erotic and nonerotic contact with patients. Am. J. Psychiatry, 130 (10), 1077-1081.

Kernberg, O. (1978). Borderline-Störungen und pathologischer Narzißmus. Frankfurt: Suhrkamp (Orig. 1975).

Kluft, R. P. (1989). Treating the patient who has been sexually exploited by a previous therapist. Psychiatric Clinics of North America, 12 (2),.

Krenz, A. (1990). Der Kronprinz am Hofe – sexualisierte Beziehungen als gelebte, aber nicht thematisierte Tabus in der Ausbildung. GwG-Zeitschrift, 79, 116-121.

Kruschitz, W. (1995). Macht und Mißbrauch in der Psychoanalyse. In Institut für Psychotherapie und Psychoanalyse (Ed.), Psychoanalyse im Widerspruch (Vol. 13, pp. 22-26). Heidelberg: Selbstverlag.

Krutzenbichler, H. S. (1991). Die Übertragungsliebe. Recherchen und Bemerkungen zu einem „obszönen" Thema der Psychoanalyse. Forum der Psychoanalyse, 7 (4), 291-303.

Lifton, R. J. (1993). From hiroshima to the nazi doctors: The evolution of psychoformative approaches to understanding traumatic stress syndromes.

Lindsay, P. H., & Norman, D. A. (1981). Einführung in die Psychologie: Informationsaufnahme und -verarbeitung beim Menschen. Berlin: Springer (Original work published 1977).

List, A. (1989). A first experience in co-facilitating a group for victims. In G. R. Schoener et al. (Ed.), Psychotherapists'sexual involvement with clients: Intervention and prevention (pp. 195-200). Minneapolis: Walk-In Counseling Center.

Löw-Beer, M. (1990). Selbsttäuschung. Freiburg: Alber.

Luepker, E. T. (in press). Helping direct and asociate victims to restore connections after practitioners sexual misconduct. In J. Gonsiorek (Ed.), The Breach of Trust

Luepker, E. T., & O'Brien, M. (1989). Support groups for spouses. In G. R. Schoener et al. (Ed.), Psychotherapists'sexual involvement with clients: Intervention and prevention (pp. 241-244). Minneapolis: Walk-In Counseling Center.

Marmor, J. (1972). Sexual acting out in psychotherapy. American Journal of Psychoanalysis, 22, 3-8.

Marmor, J. (1976). Some psychodynamic aspects of the seduction of patients in psychotherapy. American Journal of Psychoanalysis, 36, 319-323.

McCartney, J. (1966). Overt Transference. Journal of Sex Research, 2, 227-237.

Menninger, W. (1991). Identifying, evaluating and responding to boundary violations: A risk management program. Psychiatric Annals, 21, 675-680.

Meyer, A. E. et al. (Eds.) (1991). Forschungsgutachten zu Fragen eines Psychotherapeutengesetzes. Bonn: Bundesministerium f. Jugend, Familien, Frauen und Gesundheit.

Milgrom, J. H. (1989). Secondary victims of sexual exploitation by counselors and therapists: Some observations. In G. R. Schoener et al. (Ed.), Psychotherapists'sexual involvement with clients: Intervention and prevention (pp. 235-240). Minneapolis: Walk-In Counseling Center.

Moggi, F., Bossi, J., & Bachmann, K. M. (1994). Sexuelle Kontakte zwischen Pflegepersonal und Patientinen in psychiatrischen Kliniken. In K. M. Bachmann & Wolfgang Böker (Eds.), Sexueller Mißbrauch in Psychotherapie und Psychiatrie (pp. 73-90). Bern: Huber.

Nicola, M. (1991). Möglichkeiten der Verarbeitung des Mißbrauchs. In C. Heyne (Ed.), Tatort Couch (pp. 165-168). Zürich: Kreuz.

Ochberg, F. M. (1993). Posttraumatic therapy. In J. P. Wilson & B. Raphael (Eds.), International handbook of traumatic stress syndroms (pp. 773-785). New York: Plenum Press.

Pintér, E. (1995). Nähe und Distanz in der Psychotherapie. Zürich: Satyr.

Pohlmann, A. (1985). Die Zulassung zur psychoanalytischen Ausbildung. Eine historische und empirische Studie. Material zur psychoanalytisch und analytisch orientierten Psychotherapie. (Vol. 8). Göttingen: Vandenhoeck und Ruprecht.

Pope, K., Keith-Spiegel, P. C., & Tabachnik, B. G. (1986). Sexual attraction to clients. American Psychologist, 41, 147-158.

Pope, K. S. (1987). Preventing therapist-patient sexual intimacy: Therapy for a therapist at risk. Professional Psychology, 18 (6), 624-628.

Pope, K. S. (1989). Rehabilitation of therapists who have been sexually intimate with a patient. In Gabbard, G. O. (Ed.), Sexual exploitation in professional relationships (pp. 129-136). Washington, DC:

Pope, K. S. (1989). Therapists who become sexually intimate with a patient: Classifications, dynamics, recidivism and rehabilitation. Independent Practitioner, 9, 28-34.

Pope, K. S. (1990). Therapist-patient sex as sex abuse: Six scientific, professional and practical dilemmas in adressing victimization and rehabilitation. Professional Psychology, 21 (4), 227-239.

Pope, K. S. (1991). Dual relationship in psychotherapy. Ethics and Behavior, 1, 21-34.

Pope, K., S. (1994). Sexual involvement with therapists. Patient assessment, subsequent therapy, forensics. Washington, DC: American Psychological Association.

Pope, K. S., & Bouhoutsos, J. C. (1992). Als hätte ich mit einem Gott geschlafen – Sexuelle Beziehungen zwischen Therapeuten und Patienten. Hamburg: Hoffmann und Campe (Original work published 1986).

Pope, K. S., & Feldman-Summers, S. (1992). National survey of psychologists'sexual and physical abuse history and their evaluation of training and competence in these areas. Professional Psychology, 23, 353-361.

Pope, K. S., Levenson, H., & Schover, L. R. (1979). Sexual intimacy in psychology training: Results and implications of a national survey. Am. Psychologist, 34, 682-689.

Pope, K. S., & Vetter, V. A. (1991). Prior therapist-patient sexual involvement among patients seen by psychologists. Psychotherapy, 28, 429-438.

Reimer, C. (1990). Abhängigkeit in der Psychotherapie. Praxis der Psychotherapie und Psychosomatik, 35, 294-305.

Rummelhart, D. E. (1978). Schemata: The building blocks of cognition. La Jolla Chip Report,.

Rutschky, K. (1994). Sexueller Mißbrauch als Metapher. Über Krisen der Intimität in modernen Gesellschaften oder vom Umschlag der Aufklärung in Mythologie. In K., Rutschky, & R. Wolff (Eds.), Handbuch Sexueller Mißbrauch (pp. 13-31). Hamburg: Klein.

Rutter, P. (1991). Verbotene Nähe – Wie Männer mit Macht das Vertrauen von Frauen mißbrauchen. Düsseldorf: Econ.

Ryan, W. (1971). Blaming the victim. NY: Pantheon.

Sartre, J. P. (1960; dt. 1967). Kritik der dialektischen Vernunft. Reinbek: Rowohlt.

Schmidtbauer, W. (1983). Helfen als Beruf. Reinbek: Rowohlt.

Schoener, G. (1991). Use of videotape, role play, and experiential exercises. Symposium: Therapist-client sex: Approaches to preventive education. Annual convention of the American Psychological Association.

Schoener, G., & Milgrom, J. H. (1989). False or misleading complaints. In G., Schoener et al. (Ed.), Psychotherapists' sexual involvement with clients: Intervention and prevention (pp. 147-155). Minneapolis: Walk-In Counseling Center.

Schoener, G. R. (1984). Processing complaints of therapist sexual misconduct. Los Angeles: Symposium: Sexual Contact between therapist and patient.

Schoener, G. R. (1989). Supervision of therapists who have sexually exploited clients. In G. R. Schoener et al. (Ed.), Psychotherapists' sexual involvement with clients: Intervention and prevention (pp. 435-446). Minneapolis: Walk-In Counseling Center.

Schoener, G. R. (1990). Frequent mistakes made when working with victims of sexual misconduct by professionals. Minnesota Psychologist, (Sept.), 5-6.

Schoener, G. R. (1993). Common errors in treatment of victims/ survivors of sexual misconduct by professionals. New Zealand: Delwich-Center-Newsletter.

Schoener, G. R. (in press). Rehabilitation of professionals who have sexually touched clients. In Schwebel, M. et al. (Ed.), Assisting impaired psychologists

Schoener, G. R., & Conroe, R. M. (1989). The role of supervision and case consultation in primary prevention. In G. R. Schoener et al. (Ed.), Psychotherapists' sexual involvement with clients: Intervention and prevention (pp. 477-493). Minneapolis: Walk-In Counseling Center.

Schoener, G. R., & Gonsiorek, J. C. (1989). Assessment and development of rehabilitation plans for the therapist. In G. R. Schoener et al. (Ed.), Psychotherapists' sexual involvement with clients: Intervention and prevention (pp. 401-420). Minneapolis: Walk-In Counseling Center.

Schoener, G. R., & Milgrom, J. H. (1987). Helping clients who have been abused by therapists. In Keller, P. A. et al. (Ed.), Innovations in clinical practice (Vol. 6).

Schoener, G. R., & Milgrom, J. H. (1989). Processing sessions. In G. R. Schoener et al. (Ed.), Psychotherapists' sexual involvement with clients: intervention and prevention (pp. 345-358). Minneapolis: Walk-In Counseling Center.

Schoener, G. R., & Milgrom, J. H., & Gonsiorek, J. C., & Luepker, E. T. & Conroe, R. M. (1989). Psychotherapists' sexual involvement with clients: Intervention and prevention.. Minneapolis: Walk-In Counseling Center.

Scholich, B. (1992). Frühkindlicher sexueller Mißbrauch und Psychotherapie. Zeitschrift Individualpsychologie, 17, 102-110.

Schuppli-Delpy, M., & Nicola, M. (1994). Folgetherapien mit in Psychotherapie mißbrauchten Patientinnen. In K. M. Bachmann, & W. Böker (Eds.), Sexueller Mißbrauch in Psychotherapie und Psychiatrie (pp. 123-138). Bern: Huber.

Seligman, M. E. P. (1986). Erlernte Hilflosigkeit. München-Weinheim: Psychologie Verlagsunion.

Sex auf der Couch (1991). [Umfrage des Münchner Instituts für Rationale Psychologie (GRP) bei ehemaligen Psychotherapiepatientinnen]. Petra, (9), 185 ff.

Simon, R. (1989). Sexual exploitation of patients: How it begins before it happens. Psychiatric Annals, 19 (2), 104-112.

Smith, S. (1984). The sexually abused patient and the abusing therapist: A study in sadomasochistic relationships. Psychoanalytic Psychology, 89-98.

Sollmann, U. (1994). Begierige Verbote – Sexueller Mißbrauch – Therapie – Schamlose Beziehungen. Zürich: Orell-Füssli.

Sonne, J. et al. (1985). Clients reactions to sexual intimacy in therapy. American Journal of Orthopsychiatry, 55 (2), 183-189.

Sonne, J. L., & Pope, K. S. (1991). Treating victims of therapist-patient sexual involvement. Psychotherapy, 28 (1), 174-187.

Sonntag, U. (1995). Früh übt sich ... – die Rolle der Aus- und Weiterbildung für den verantwortlichen Umgang mit Macht und Grenzen. In Arbeitsgruppe Frauen gegen sexuelle Übergriffe und Machtmißbrauch in Therapie und Beratung (Ed.), Übergriffe und Machtmißbrauch in psychosozialen Arbeitsfeldern.

Straker, G. (1990). Seelische Dauerbelastung als traumatisches Syndrom – Möglichkeiten des einmaligen therapeutischen Gesprächs. Psyche, 44 (2), 144-163.

Strasburger, L. et al. (1992). The prevention of psychotherapist sexual misconduct: Avoiding the slippery slope. American Journal Psychotherapy, 46 (4), 544-555.

Strupp, H. et al. (1977). Psychotherapy for better or worse. New York: Aronson.

Thorn, B. E. et al. (1993). Sexual misconduct in psychotherapy: Reactions to a consumer-oriented brochure. Professional Psychology, 24 (1), 75-82.

Twemlow, S. W., & Gabbard, G. O. (1989). The lovesick therapist.. In G. O., Gabbard (Ed.), Sexual exploitation in professional relationships (pp. 71-89). Washington, DC: American Psychiatric Press.

Ulanov, A. B. (1979). Follow-up treatment in cases of patient/ therapist sex. Journal American Psychoanalysis, 7 (1), 101-110.

Vogt, I., & Arnold, E. (1993). Sexuelle Übergriffe in der Therapie. Tübingen: DGVT-Verlag.

Walker, L. E. A. (1989). Psychology and violence against women. American Psychologist, 44, 695-702.

Walker, L. E. A. (1994). Abused women and survivor therapy: A practical guide for the psychotherapist. Washington, DC: American Psychological Association.

Walter, U. (1990). Verführung und Entfremdung. Wo Es war, kann nicht Ich werden. Von der Zerstörbarkeit der Wünsche im psychoanalytischen Prozess. Unveröffentlichtes Vortragsmanuskript (Vortrag gehalten am 14.9.1990 im Rahmen des Zyklus „Verführung" am Psychoanalytischen Seminar Basel).

Wohlberg, J., McCraith, D., & Thomas, D. (in press). Sexual misconduct and the victim/ survivor: A look from the inside out.

Anmerkungen

1 Interessanterweise wird diese Argumentationsfigur nicht nur gegenüber reißerischen Falldarstellungen eingesetzt, sondern auch von Herausgeberinnen solcher Darstellungen gegen eine wissenschaftlich-versachlichende Auseinandersetzung mit der Thematik gewendet.

2 Um Mißverständnissen, die bei flüchtiger Lektüre entstehen können, vorzubeugen (vgl. Vogt, & Arnold 1993; Sonntag, 1995): Diese schwer gestörten Persönlichkeiten sind keineswegs solche, die nach außen hin in irgendeiner Weise „auffällig" wirken müssen. Im Gegenteil: Es handelt sich dabei allem Anschein nach um Personen, die sich in ihren alltäglichen, z. B. kollegialen Beziehungen äußerst angepaßt verhalten. Immer wieder werden Therapeuten als Wiederholungstäter bekannt, von denen selbst gut befreundete Kollegen dies niemals erwartet hätten. Dies liegt in der Natur dissoziativer Störungen. Solche in sich gespaltenen Menschen verfügen über mehrere Persönlichkeiten, die ihrerseits eben voneinander abgespalten sind. D.h., die eine weiß nichts von der anderen, der gerade Mißbrauchende weiß nichts von dem Ethikkommissionsmitglied.

3 Der unglücklich übersetzte Titel des Buchs von Pope und Bouhoutsos (dt. 1992) „Als hätte ich mit einem Gott geschlafen" mag auf diese Konstellation bezogen sein.

4 Wir möchten uns herzlich bei den Mitarbeitern des Zentrums dafür bedanken, daß sie uns diese Daten zur Veröffentlichung zur Verfügung gestellt haben.

5 Schon allein aufgrund unserer näheren Vergangenheit mit all den sekundär und tertiär traumatisierten Täter- und Opferkindern ist eher das Gegenteil zu vermuten.

6 Interessant ist in diesem Zusammenhang der Befund einer Untersuchung von Boatwright (1989), derzufolge in den USA Ehe- und Familienberater(innen) in einer anonymen Befragung signifikant häufiger angaben, sexuelle Beziehungen zu ihren Klient(inn)en zu unterhalten als Psychiater, Psychologen und Sozialarbeiter.